니체의 사악한 말

니체의 사악한 말 | 이진우

"너희가 운명이기를 원치 않고

무자비한 운명에 휘말리고 싶지 않다면,

어찌 너희가 장차 나와 함께

승리할 수 있단 말인가?"

프리드리히 니체

일러두기

니체의 '사악한 말'의 출처로 저서의 한글 제목과 함께 독일에서 출간된 '니체 전집KSA'의 권수와 쪽수를 나란히 적었다. 한편 《권력에의 의지》의 출처는 한국어판에서 아포리즘의 숫자와 쪽수를 나란히 적어 인용했다. 모든 인용문은 독일어 원문에서 새롭게 옮겼으며, '사악한 말'의 제목은 뜻에 맞게 매만졌음을 밝혀둔다.

Friedrich Nietzsche, *Sämtliche Werke. Kritische Studienausgabe in 15 Bänden*, hrsg. von Giorgio Colli und Mazzino Montinari, München/Berlin/New York, 1980(KSA).

프리드리히 니체, 《권력에의 의지: 모든 가치의 가치전도 시도》, 이진우 옮김, 휴머니스트, 2023.

머리말

니체의 말은 사악하다. 니체의 말과 글은 매력적인 만큼 위험하다. 그의 글은 이해되기보다는 종종 오해된다. 니체가 말하는 것이 아니라 "망치가 말한다."라고 할 정도로 너무 파괴적이어서 우리를 혼란스럽게 한다. 순응해야만 생존하고 성공하는 사회에서 "위험하게 살라!"는 그의 말은 악의적이다. 삶의 무게는 감당할 수 없을 정도로 무겁기만 한데 "가볍게 살라."는 것은 위안은커녕 조소로 들릴 수 있다. "나를 죽이지 못하는 것은 나를 더욱 강하게 만든다."라는 잘 알려진 니체의 명언은 자신의 한계를 감히 시험하지 못하는 약자를 더욱 위축시키는 것으로 악명 높다.

그런데도 우리가 거듭 니체의 매력에 빠져드는 이유는 무엇일까? 니체의 말에 삶의 진리가 들어있다는 주장은 너무 진부하다. 지금까지의 진리를 거짓과 허구로 밝혀낸 니체의 말도 또 하나의 거짓일 수 있기 때문이다. 니체 스스로 자신의 진리는 끔찍한 것이라고 고백한다. 모든 가치를 전도하고 새로운 가치를 창조하려는 니체의 시도에는 무언가 극단적인 게 있다. 무엇이든 그 끝까지 밀고 나가려는 정직함이 있다. 니체 말의 정직함은 지금까지 믿어져 왔고 신성시됐던 모든 것에 대한 거역과 저항에서 나온다. "나는 인간이 아니다. 나는 다이너마

이트다."라는 말처럼, 그의 말은 우리의 모든 신념과 편견을 파괴한다.

니체의 다른 매력은 그의 사상이 모두 삶의 체험을 통해 얻어졌다는 데 있다. 그의 말을 곧이곧대로 들으면 안 된다. 그의 말을 머리로 이해하려 시도하는 것은 오해하는 것이다. 니체에게 어떤 문장을 이해했다는 것은 그 문장을 체험했다는 것이다. 누구도 자기가 이미 체험을 통해 알고 있는 것보다 더 많이 얻어들을 수 없다. 체험을 통해 진입로를 알지 못한 것에 대해서는 그것을 들을 귀도 없다. 고통을 경험한 적이 없다면, 고통이 우리를 더 낫게 만들지는 않아도 더 심오하게 만든다는 니체의 말을 이해할 수 없다. 니체의 말은 적어도 우리가 체험하는 것을 이해할 수 있는 진입로를 만들어준다.

우리의 삶은 끊임없는 변화인 까닭에 근본적으로 불안정하다. 질서보다는 혼돈, 건강보다는 병, 평화보다는 투쟁, 일치보다는 모순이 우리의 삶을 지배한다. "나는 심하게 고통스러웠을 때조차 병들지 않고, 삶이 가장 무거운 과제를 요구할 때도 삶은 내게 가벼웠고, 과제가 위대할수록 놀이처럼 대하는 것이 최선"이라는 니체의 말도 모순적이다. 그러나 삶을 진지하게 받아들이는 사람은 삶이 모순적이라는 사실을 체험적으로 안다. 삶은 결국 얼마나 많은 모순을 견뎌낼 수 있는지의 문제다. 이러한 문제를 철저하게 성찰한 니체의 말이 모순적인 것은 당연하다.

우리는 현대사회의 온갖 고통에서 벗어날 치유의 수단으로 니체를 읽는지도 모른다. 유년 시절을 견디는 데 커다란 도움이 됐다는 바그너를 언급하며 니체는 이렇게 말한다. "견딜 수 없는 압박감에서 벗어나려면 해시시가 필요하다." 어떤 사람에게 니체는 고통을 잊게 하는 대마초일 수도 있다. 그러나 고통을 극복하려면 니체의 말을 통해 자신을 체험해야 한다. 니체의 말은 사악하다. 삶을 체험하도록 만들려고 오랜 기간 우리 삶의 토대가 됐던 모든 믿음을 파괴하기 때문이다. 니체의 말에 귀를 기울이는 사람에게 자신의 말을 듣지 말라는 니체처럼 사악한 사상가도 없을 것이다. "나를 버리고 그대들 자신을 찾도록 하라. 그리고 그대들 모두가 나를 부정하게 될 때 비로소 나는 그대들에게 다시 돌아올 것이다." 니체를 읽지 않으려고 우리는 니체를 읽는다.

사실 니체의 말은 그리 어렵지 않다. 추상적인 개념으로 우리를 괴롭히는 대신 사소한 것 속에서 삶의 진리를 찾는 짧은 경구와 산문체의 토막글은 경쾌하고 강렬하다. 다른 사람들이 책 한 권으로 말하는 걸 열 문장으로 말한다는 오만한 야심이 느껴지는 니체의 글은 조금만 읽어도 소름이 돋게 한다. 여기에 선별한 니체의 명언은 내 삶에 도움이 됐던 글들이다. 나는 오래전부터 산책할 때마다 니체의 말 하나를 갖고 나가는 습관이 있다. 처음에는 니체의 말을 생각하며 걷다가 이내 걸음에 집중하고 만나는 자연에 몰두하다 보면 생각의 실마리를 놓치지만, 자신과 자연 속에서 생각을 정리할 적어도 15분의 시간은 갖는다. 이 글은 그렇게 걸으면서 니체와 대화하며 얻은 생각이다. 이 글들이 다른 사람에게도 작은 산책의 동무가 되길 바란다. 끝으로 니체가 들려준 '망치의 말'이 길잡이가 되길 바라면서《우상의 황혼》을 갈무리하는 마지막 문장을 인용한다.

> 너희가 운명이기를 원치 않고 무자비한 운명에 휘말리고 싶지 않다면, 어찌 너희가 장차 나와 함께 승리할 수 있단 말인가?
> 그리고 너희의 강인함이 번쩍이지 않고, 베어내고 절단하지 않는다면, 어찌 너희가 장차 나와 함께 창조할 수 있겠는가?
> 무릇 모든 창조자는 단단하다. 그리고 너희의 손을 밀랍에 새기듯 수천 년의 세월에 손을 새기는 것이 축복으로 여겨질 것이다.
> 청동에 새기듯 수천 년의 의지에 새기는 것이 축복으로 여겨질 것이다. 그 의지는 청동보다 단단하고, 청동보다 고귀하다. 가장 고귀한 것만이 오직 온전히 단단하다.
> 오, 내 형제들이여, 내가 이 새로운 서판을 너희의 머리 위에 내건다. 단단해져라!

2025년 여름
미리내에서
이진우

차례

머리말 7

I. 내 삶의 주인이 되기 위한 10개의 나쁜 말

01 망치를 들고 의문을 제기하라 18
02 좋은 사람이 되지 마라 22
03 본능에 맞서 싸우지 마라 26
04 병을 삶의 자극제로 만들어라 30
05 데카당스를 정당하게 대하라 34
06 자신을 해치는 자가 약자다 38
07 자신을 왜소하게 만드는 것을 직시하라 42
08 자극에 반응하지 마라 46
09 악해질 수도 있는 능력을 키워라 50
10 진리를 원하면 거짓말을 두려워하지 마라 54

II. 내 삶의 구원을 위한 10개의 고통스러운 말

11 고통에 대해 분노케 하는 것은 고통 자체가 아니라 그 무의미다 60
12 고통에 대한 처방은 고통이다 64
13 영혼은 고통으로 만들어진다 68

15	열정을 제거하는 것은 삶을 뿌리째 뽑아버리는 것이다	76
16	격렬한 충동에 맞설 다른 충동을 발견하라	80
17	고통을 감소시키면 기쁨에 대한 능력도 감소시킨다	84
18	인식과 진리를 원하면 충동 속에서 살아라	88
19	자신을 두려워하지 않는 자는 누구에게도 두려움을 주지 못한다	92
20	창조만이 고통으로부터의 위대한 구원이다	96

III. 나 자신의 회복을 위한 10개의 고독한 말

21	자신을 잃는 법을 터득하라	102
22	자신을 존중하는 것으로 시작하라	106
23	자신을 사랑하려면 가볍게 살아라	110
24	자기 자신을 원하라	114
25	남의 머릿속에서 살지 마라	118
26	자신을 인식하지 말고 체험하라	122
27	자신을 불시에 습격하라	126
28	자신을 경멸할 줄 알아라	130
29	전체가 아닌 부분에서 시작하라	134
30	가면을 부끄러워하지 마라	138

IV. 인간답게 살아가기 위한 10개의 위험한 말

31	사소하고 일상적인 것에서 삶의 시인이 돼라	144
32	위안의 치료제를 믿지 마라	148
33	자신의 신념을 배신하라	152
34	자신을 소유하지 마라	156
35	체험한 것을 삶으로 되살려내라	160
36	망각할 줄 알아라	164
37	위험하게 살아라	168
38	즐거움 없이 일하기보다는 차라리 권태를 원하라	172
39	순간을 긍정해야 자신의 실존을 긍정한다	176
40	자신의 성격에 스타일을 부여하라	180

V. 자유롭게 살고 죽기 위한 10개의 혹독한 말

41	그릇된 사랑은 고독을 감옥으로 만든다	186
42	자기 자신을 높은 곳에 세우려면 평등을 경계하라	190
43	고독이 끝나는 곳에서 시장이 시작된다	194
44	진지하게 살려면 웃을 줄 알아야 한다	198
45	자신이 가장 자유롭다고 느낄 때는 삶의 감정이 가장 강할 때다	202
46	자유를 원하면 변화와 무상함에 즐거움을 느끼는 방랑자가 돼라	206
47	자유란 새로운 사슬에 대한 느낌이 없음을 의미한다	210
48	자유로운 야외에서 태어나지 않은 생각은 믿지 마라	214
49	자유롭게 생각하려면 관습에 얽매이지 않는 작은 일탈이 필요하다	218
50	세계를 긍정하려면 자신의 운명을 사랑하라	222

| 잔혹한 구원자 니체 | 226 |

I.

내 삶의 주인이 되기 위한 10개의 나쁜 말

01 | 망치를 들고 의문을 제기하라

《우상의 황혼》

"상처가 있으면 정신은 자라고, 힘의 덕성은 번성한다Increscunt animi, virescit volnere virtus." 어떤 상황에서 내가 더 좋아하는 다른 회복 방식은 우상의 비밀을 캐내는 것이다. 세상에는 진짜보다 우상이 더 많다. 이것이 이 세상에 대한 내 '사악한 눈'이고 내 '사악한 귀'다. 여기서 한번 망치를 들고서 의문을 제기해본다.

- 〈서문〉, KSA 6, 57~58쪽.

삶을 편하게 살고 싶을 때 나는 우상을 만든다. 어두운 숲길을 걸어갈 때 들고 다니는 지팡이 같은 나뭇가지는 내 우상이다. 그것을 들고 있으면 온갖 두려움이 사라진다. 내게는 어느 해변에서 가져온 조그만 돌이 하나 있다. 그 돌을 만지고 나가면 하루 내내 기분이 좋다. 나를 명랑하게 만들어주는 그 돌은 내 우상이다. 사람은 누구나 두려움을 없애주고 즐거움을 가져오는 우상을 만든다.

우리는 이렇게 하찮은 나뭇가지나 돌, 쇠붙이, 흙으로 만든 형상에도 의미를 부여하고 숭배한다. 자신이 소중하게 생각하는 가치와 의미를 눈에 보이게 만들어주는 것이 바로 우상이다. 보이면 믿고, 보이지 않으면 두려워한다. 생각만으로 도달할 수 있는 완전한 삶은 이상理想에 불과하다. 이상은 구체적으로 실현돼야 한다. 이상을 실현하려면 우상이 필요하다. 이상을 실현하려면 돈과 권력과 명예가 필요하다. 돈과 권력과 명예가 내가 추구하는 이상 자체는 아닐지라도 언제나 이상을 대변한다. 이상은 물리적 형태의 우상이 된다.

이상을 실현하려면 우상을 만들어라! 우상이 없으면 생존의 삶은 더 비참해지고 고달프다. 우상은 삶의 여행을 떠날 때 지니는 나뭇가지와 돌과 같다. 우리의 고통을 완화하고, 즐거움을 늘려준다. 아이돌은 내가 갖고 싶지만 가지지 못한 것을 대변한다. 돈과 권력은 성공한 삶의 척도로 여겨진다. 진리를 탐구하는 과학과 학문 자체가 진리로 여겨진다. 인플루언서를 따르면 나도 인플루언서가 된다. 선은 선한 영향력을 행사하는 사람으로 대체되고, 그 사람을 따르면 나도 선한 영향력을 미친다.

세상에는 우상이 너무 많다. 우상 없이는 살 수 없기 때문이다. 살려면 우상을 만들어야 한다. 지금의 내 모습이 본래 내가 원한 것이 아니라는 '결핍 의식', 진정한 나를 실현하려면 지금 내가 갇혀있는 틀을 부수고 바깥으로 나가야 한다는 '이상에 대한 욕망'이 우상을 만들어낸다. 내게 부족한 것이 바깥에 있다면 우리는 밖에서 의미를 찾는다. 부와 권력, 명예 그리고 이를 대변하는 사람들이 우리의 우상이 된다. 이들을 지극히 따르면 우리의 삶이 더 좋아질 것이라는 믿음을 갖고 우리는 이들을 숭배한다.

세상에는 실재보다 우상이 더 많다. 우상을 실재라고 생각하기 때문이다. 이 말은 너무 무겁다. 사람들은 진짜가 정말로 존재하고, 우상은 이를 단지 꾸미거나 본뜬 거짓이라고 생각한다. 가짜가 있으면 진짜도 있다고 생각하는 게 정석이다. 가짜가 있다고 진짜는 있지 않다고 생각한다면 사악하다. 나는 세상을 이렇게 바라본다. 진짜와 가짜를 구별해줄 어떤 진짜도 존재하지 않는다는 것이 세상을 향한 내 사악한 시선이고 관점이다.

가짜를 가짜라고 판명한 진짜가 존재하지 않는다면, 우리는 가짜와 우상을 들여다봐야 한다. 내가 따르고 종교적이라고 말할 정도까지 숭배하는 것이 일시적인 것은 아닌지, 덜 중요한 것은 아닌지 뜯어봐야 한다. 내가 숭배하는 우상이 온전히 헌신할 만한 가치가 있는 것인지 시험해야 한다. 내가 늘 들고 다녔던 나뭇가지와 돌을 잃어버릴까 봐 두려워한다면, 내가 나뭇가지와 돌로 지키고자 했던 내 마음의 안정과 평온은 도대체 무엇이란 말인가? 내가 돈과 권력과 명예를 종교적으로 숭배한다면 그것들로 실현하려던 내 삶의 가치는 어디로 갔단 말인가?

우상을 깨려고 망치를 드는 이유는 진짜를 찾기 위해서가 아니다. 새로운 우상을 만들기 위해서다. 덧없고 물질적이고 오류가 있는 물질적 대체물보다 더 높은 우상을 만들기 위해서다. 그 우상이 내 내적인 삶과 어떤 관계에 있는지, 내가 진심으로 헌신할 수 있는 것인지 시험하려면 우선 우상을 깨야 한다. 우상을 깬다고 새로운 우상을 만들거나 신봉하는 것을 방해하지 않는다. 우리의 삶에 절실한 우상이라면, 그것은 결코 우상이라 불리지 않는다. 삶을 원하면 우상이라 불리지 않을 우상을 만들어라.

02 좋은 사람이 되지 마라 《권력에의 의지》

가장 성스러운 이름들 사이에서 나는 파괴적인 경향을 끄집어냈다. 사람들은 약하게 하고, 약함을 가르치고, 약함을 전염시키는 것을 신이라 불렀다. 나는 '좋은 사람'이 데카당스의 자기 긍정의 형식이라는 사실을 발견했다.

- 54, 65쪽.

좋은 사람은 착한 사람이 아니다. 착한 사람만큼 나쁜 사람은 없다. 사람들은 대개 '좋다'를 '착하다'로 이해하고, '나쁘다'를 '악하다'로 이해한다. 도착적이고 '데카당스 Décadence'다. 그것은 가치를 뒤바꾸고 뒤집어놓는다. 본래 좋음과 나쁨의 판단은 행동하는 내 관점에서 이뤄진다. 삶을 살아가는 내게 유익하면 좋은 것이고, 해로우면 나쁜 것이다. 나는 산에 오르는 것을 좋아한다. 온갖 장애와 방해를 극복하고 오른 산의 정상에서 발밑의 경치를 바라보는 것을 좋아한다. 등산은 내게 좋다. 몸을 움직이지 않는 것은 내게 나쁘다. 건강에 해롭다. 살아 움직이는 생명체에게 무언가를 극복하고 앞으로 나아가고 위로 올라가게 만드는 것은 좋은 것이다.

선한 사람은 움직이지 않는다. 가만히 있어야 다른 사람에게 해를 끼치지 않는다고 생각한다. 한 곳에 자리 잡고 살아가는 정주민은 움직이는 사람을 싫어한다. 정해진 곳을 일탈하는 사람을 혐오하고, 다른 곳에서 찾아온 낯선 사람을 두려워한다. 선과 악의 구별은 뙈리를 틀고 한 자리에 박혀 움직이지 않는 붙박이가 만들어낸 것이다. 정지한 것은 선이고, 움직이는 것은 악이다. 고정된 것은 선이고, 변하는 것은 악이다. 삶이 근본적으로 변화와 운동이라면, 삶의 가치가 거꾸로 뒤집힌다.

이제 삶이 목표가 아니라 착함이라는 도덕적 선이 목표가 됐다. 사람들은 이제 살아가면서 자신의 삶을 통해 이룩할 선을 찾지 않는다. 내게 좋은 것, 나만의 것, 내 최선은 이기적이라고 비판받는다. 내게 좋은 것은 악한 것이다. 누가 이렇게 주장하는가? 내 영향을 받고 내게 영향을 주는 타인이 그렇게 말한다. 타인에게 영향을 주는 것은 악한 것이기에 나는 타인의 관점에 따라 행동한다. 공감하라, 동정하라 그리고 이웃을 사랑하라! 그렇게 아무런 영향을 주지 않는 '약자'가 탄생한다. 착한 사람은 약자다. 이것을 뒤집어도 진리다. 약자는 착한 사람이다. 약자는 움직이지 않고, 따라서 해를 끼치지 않는다. 약자는 약함을 자랑하고, 약함을 정당화한다. 약자는 약함을 무기로 삼아 온갖 권리를 요구하고, 약해서 옳다고 주장한다.

이렇게 탄생한 도덕적 선은 인간을 온순하게 길들인다. 가축처럼 길들인 인간은 아무것도 스스로 하지 않는다. 자유의지가 결여된 삶은 그 자체가 데카당스다. 아무것도 하지 않고, 아무것도 할 수 없는 약자는 데카당이다. 그에게는 생명력이 다 소진돼 새로운 가치를 만들 힘이 없다. 약자는 언제나 "나는 약하니까 어쩔 수 없어."만 되새김질한다. 약자는 자신이 약하다는 사실을 뼈저리게 느끼면서도 이 약함을 자책하고 극복하려고 노력하기보다는 오히려 착함으로 정당화한다. 약자는 약함을 고통스러워하는 대신 다른 사람도 약하다는 사실에서 기쁨을 느낀다. 만약 다른 사람이 약하지 않으면 그를 도덕적으로 비판해 약하게 만들어야 한다.

차라투스트라는 "마비된 앞발을 가지고 있기에 스스

로 착하다고 믿는 자들을 비웃었다." 약자는 공격하는 앞발이 없다는 사실을 자신의 착함으로 둔갑한다. 장애물을 극복하지 않고 정상을 정복할 수 없듯이, 해를 끼치지 않고 성장하는 생명체는 없다. 선한 사람들은 모두 약하다. 그들은 악할 정도로 충분히 강하지 않기 때문에 선하다. 나쁜 짓을 하려 해도 할 수조차 없는 약자는 완전히 소진된 자다. 착한 사람이 나쁜 짓을 하지 않는 이유는 악행을 저지를 만한 용기가 없기 때문이다. 삶은 본래 운동이고 변화다. 스스로 변화하려면 움직이고 행동해야 한다. 운동과 변화 자체를 정죄하는 것은 삶을 정죄하는 것이다. 그것은 건강하지 않은 데카당스다. 너무 오랫동안 우리를 지배한 이런 도착적 가치를 다시 전도하려면 사악해질 용기가 있어야 한다. 착한 사람이 되지 않아야 자신에게 좋은 것을 찾는다.

03 | 본능에 맞서 싸우지 마라

《우상의 황혼》

눈부시기 그지없는 햇빛, 어떤 대가를 치르더라도 합리성을 추구하는 삶, 밝고 냉정하고 신중하고 자각적이지만 본능은 없으며 본능에 저항하는 삶은 그 자체로 단지 병일 뿐이며 또 다른 병일 따름이다. 그리고 그것은 '덕'으로, '건강'으로, '행복'으로 돌아가는 길이 전혀 아니다. 본능과 싸워야 한다는 것, 그것은 데카당스의 공식이다. 삶이 상승하는 한, 행복은 본능과 같다.

- 〈소크라테스의 문제〉, 11, KSA 6, 73쪽.

사람들은 본능적으로 자신의 삶을 실현할 방법을 찾는다. 어떤 사람은 안전을 위해 본능적으로 다른 사람들 속으로 섞여들고, 어떤 사람은 본능적으로 자신만의 은밀한 장소를 찾는다. 군중은 서로의 간격과 차이를 제거하고 평등해질 때 안전하다고 느낀다. 사람들은 군중 속에서 평등과 안전감을 느끼지만 실제로 평등하고 안전한 것은 아니다. 사람은 영원히 평등할 수 없다. 군중 속에서는 누구도 다른 사람보다 우월하지도 위대하지도 않다는 짧은 축복의 순간이 끝나면, 군중은 개인의 삶을 위협한다. 그러면 사람들은 본능적으로 군중에게서 해방되고자 한다. 내가 다른 사람과 다르고 또 다를 수밖에 없다면, 나는 어떻게 살아남을 것인가?

본능은 우리의 삶을 안내한다. 우리가 동물이라는 사실을 일깨워주는 것이 바로 본능이다. 배가 고프면 우리는 본능적으로 음식을 찾는다. 우리는 무엇을 먹고, 무엇을 먹지 말아야 할지를 본능적으로 안다. 어떤 행위들은 본능적으로 해야 하고, 다른 행위들은 본능적으로 피해야 한다. 무엇을 추구하고, 무엇을 피해야 할지를 알려주는 것이 바로 본능이다. 사람이 곡기를 끊으면 몸이 약해지고 끝내 죽고 만다. 사람이 잠을 자지 않으면 의식이 미쳐 환각을 보게 되고 마찬가지로 죽음에 이른다. 본능은 우리가 동물로서 신진대사를 잘해 생명체가 건강하게 유지되도록 만든다.

생명을 보존하고 유지하고 발전시키는 모든 본능은 좋은 것이다. 그것은 필연적이며 자유롭다. 좋은 것은 본능에 따라 사는 것이다. 그런데 우리는 다이어트를 하려고 단식하고, 성과를 내려고 잠자지 않고 밤새운다. 그것은 본능이 아닌 의식의 작용이다. 우리는 생각하고 계산한다. 얼마만큼 먹지 않으면 몸매가 얼마나 좋아지는지 인과관계를 설정한다. 그 결과 우리는 생리적으로 퇴화한다. 어떤 사람이 얼굴이 창백해지고 생기를 잃어가면, 사람들은 병 때문이라고 말한다. 어떤 병인가? 요요 현상은 본능과 의식의 부조화로 인한 병이지만, 근본적으로는 본능이 퇴화하고 의지가 분산된 결과다. 본능을 거스르는 삶은 건강하지 않다. 삶 자체가 본능이라면, 본능을 약화하는 삶은 결국 '삶을 거스르는 삶'이다.

본능을 따르려면 너무 많이 생각하지 말아야 한다. 지구에 처음 생명체가 생겨나고, 바다 동물이 생존하려고 육지 동물이 돼야 했던 순간을 상상해보라. 그들은 갑자기 걸어서 움직여야 했다. 이전에는 물속에서 자유롭게 움직이면서도 자신의 무게를 느끼지 못했는데, 이제는 두 다리로 자기 자신을 운반해야 했다. 자신의 엄청난 무게가 느껴졌기 때문에 가장 단순한 일을 수행하면서도 불편했다. 그들은 이제 무의식적으로 확실히 안내해주는 본능을 잃어버렸다. 그 대신 이제 위험을 스스로 평가하고, 생존 수단을 사유하며, 추리하고 계산하는 '의식'을 발전시켜야만 했다. 이때부터 사람들은 의식을 높이 평가하고,

본능을 평가절하하기 시작했다.

　　　　인류의 역사는 의식의 발전사다. 그것은 동시에 본능 쇠퇴의 역사다. 본능을 상실해 우리의 삶이 생리적으로 퇴화하면, 그 결과로 의식의 병이 생겨난다. 어떤 어둠도 용납하지 않는 햇빛처럼 이성만을 추구하는 의식에는 사실 삶이 없다. 현대인은 어떠한 대가를 치르더라도 합리성을 추구하지만, 우리가 치러야 할 대가가 '삶 자체'라면 어떻겠는가? 우리는 으레 본능을 충동적인 것이고 야만적인 것이며 동물적인 것으로 치부하지만, 본능은 여전히 우리의 생명을 구원한다.

　　　　본능은 의식하든, 의식하지 않든 인간의 가장 근본적인 능력이다. 무엇보다 생명이 있는 것은 자신의 힘을 발산하고자 한다. 힘이 약할 때는 본능적으로 자기를 보존하길 원하고, 힘이 강할 때는 본능적으로 자기를 극복하고 넘어서고자 한다. 우리가 살아있고자 한다면, 우리는 본능에 맞서 싸우지 말아야 한다. 생각을 멈추고, 몸의 소리에 귀를 기울여야 한다. 내 본능이 무엇을 원하는지.

04 | 병을 삶의 자극제로 만들어라 | 《이 사람을 보라》

전형적으로 병든 존재는 건강해질 수 없고, 더욱이 자기 스스로 건강하게 만들 수는 없다. 반대로 전형적으로 건강한 사람에게는 병이 있는 것이 삶을 위한, 더 풍부한 삶을 위한 활력적인 자극제가 될 수도 있다. 실제로 이것이 지금 내게 그 오랜 병환이 보이는 방식이다. 나는 나 자신을 포함해 삶을 새롭게 발견한 것 같다.

- 〈나는 왜 이렇게 현명한지〉, 2, KSA 6, 266쪽.

건강한 자는 병의 의미를 알지 못한다. 반면에 병든 자는 건강의 의미를 안다. 병과 건강의 경계를 확정하기 쉽지 않다면, 누가 더 유리한가? 삶에는 병과 건강이 공존한다. 온갖 병만 존재한다면 사람은 살아갈 수 없다. 건강만 흘러넘친다면 우리는 무엇이 병인지 알지 못하고, 삶을 위협하는 병에 무감각해진다. 병과 건강이 뒤섞여 있는 삶에서 우리는 어떻게 건강하게 살 수 있는가?

　　　　니체는 철학에서 건강을 찾은 병자다. 그는 자신이 병적이라는 사실을 인정하는 데카당이다. 실명할 정도의 심각한 근시, 위액을 토하게 하는 지속적인 편두통, 극심한 소화불량에 시달리다 1879년 바젤대학교 교수직을 사임한 뒤 떠난 사유하는 방랑은 건강을 찾는 길이었다. 철학은 병을 치료하고 삶에 다시 생명력을 부여한다. 삶의 한가운데에서 생명력의 가장 낮은 지점에 이르러버렸다는 느낌만큼 심각한 병의 징후도 없다.

　　　　그림자 속에서 삶을 살아보지 않은 사람은 햇빛의 의미를 깨닫지 못한다. 안락함과 건강함이 당연하게 여겨지는 상태에서는 건강의 진정한 의미를 알지 못한다. 건강한 사람이 역설적으로 건강을 알지 못한다면, 건강은 결코 질병의 부재가 아니다. 아무런 병이 없다고 건강한 사람이 아니다. 건강이 무엇인지 모르니 건강을 위해 무엇을 할지도 모른다. 건강을 자랑하던 사람이 갑자기 병들어 생명력을 잃는 경우도 많다. 병을 모르는 건강이 어쩌면 가장 치명적인 병일지도 모른다.

니체는 자신이 병약하다는 사실을 인정한다. 그는 자신을 떠맡아 스스로 다시 건강하게 만들었다. 그가 건강해졌다고 시력이 좋아지고, 편두통이 사라지며, 소화를 잘 할 수 있게 됐음을 의미하지는 않는다. 그는 여전히 병으로 고통을 당하지만 건강하다. 삶에의 의지는 건강에의 의지다.

우리는 병든 상태에서도 삶을 새롭게 발견할 수 있다. 햇빛을 가리는 그늘 속에서 걷는 한 걸음 한 걸음이 새롭고 소중하다. 편두통이 잠시 사라져 머리가 맑아진 매우 짧은 순간, 내 사상은 더욱 깊어지고 자유로워진다. 나는 모든 좋은 것과 다른 사람이 쉽사리 맛볼 수 없는 사소한 것들까지 맛본다. 건강은 병을 받아들이고, 자신을 떠맡아 다시 건강하게 만드는 능력이다.

전형적으로 병든 존재는 건강해질 수 없다. 자기 스스로 건강하게 만들 수 없기 때문이다. 건강하다고 생각해 스스로 건강해지려 노력하지 않는 사람은 오히려 병든 존재이고 데카당이다. 전형적으로 건강한 사람은 언제나 병들 수 있음을 인정한다. 그는 더 건강해지려고 병과 건강의 관계를 조율한다. 청력이 떨어진 것이 병이 아니라, 듣지 않으려는 것이 더 심한 병이다. 귀가 잘 들리지 않는 사람은 소리 하나라도 놓치지 않으려고 더 열심히 듣는다. 병든 사람이 오히려 전형적으로 건강한 사람이 될 수 있다. 병들어 있는 것이 삶을 위한, 더 풍부한 삶을 위한 효과적인 자극제다.

더 건강한 개념과 가치를 보려면 건강한 자가 아닌 병자의 관점을 선택해야 한다. 건강한 자는 병의 의미를 모르기에 더 병적으로, 퇴폐적으로 살 위험이 크다. 병들었을 때 자신의 병을 뒤집어 건강의 자산으로 만드는 것만큼 혁명적인 가치전도도 없다. 관점을 뒤집고 바꾸려면 병을 앓아보고, 병을 알아야 한다. 열정과 욕망을 경험하지 못한 사람이 금욕을 알 수 없다. 삶을 부정하는 병을 알지 못하면 삶을 긍정하는 가치를 창조할 수 없다. 인간은 본래 병적인 존재다. 어쩌면 동물들은 인간을 자신들과 동류지만 매우 위험하게도 건강한 동물의 이성을 잃어버린 존재로 여길지도 모른다. 우리가 다른 동물과 달리 이성과 의식이란 것을 가진 이후, 병과 건강은 서로 얽혀있다. 인간은 다른 어떤 동물보다도 더 병적이고 불확실하며 변하기 쉽고 불확정적이다. 그것이 바로 인간이 건강해질 수 있는 원천이다. 인간은 병적인 동물이기에 다시 건강해질 수 있다. 병은 결코 건강과 대립하지 않는다.

05 | 데카당스를 정당하게 대하라

《권력에의 의지》

　쓰레기, 타락, 제거는 그 자체가 비난받아야 할 것은 아니다. 그것들은 삶의, 생명 성장의 필연적 결과다. 데카당스의 현상은 삶의 성장과 진보만큼이나 필연적이다. 사람들은 그것을 폐지할 위치에 있지 않다. 이성은 반대로 데카당스 현상을 정당하게 대할 것을 요구한다. …… 사회가 더 활기차고 대담하게 발전할수록, 실패와 기형은 더욱더 풍부해지고 그만큼 쇠퇴에 더 가까워진다.

- 40, 52쪽.

퇴폐는 자연스러운 것이다. 살아있는 생명체는 모두 쇠퇴하고 부패한다. 인간이 만든 모든 것도 언젠가 무너지고 부서진다. 영원한 삶은 존재하지 않는다. 무릇 생명은 탄생과 죽음의 과정이다. 우리는 젊음을 영원히 유지할 수 없다. 젊을 때조차 우리 안에는 부패하는 것이 있다. 사시사철 푸르름을 유지하는 상록수의 가지를 들추고 안을 들여다보면 죽어 썩어가는 잎과 가지들이 수두룩하다. 푸르름 속에 감춰진 부패의 모습은 기괴하고 끔찍하다. 사람들은 부패는 보지 않고 푸르름만 칭송한다.

우리가 젊음을 영원히 유지할 수 없듯이, 어떤 사회에도 젊음을 유지하는 것이 허용되지 않는다. 사회의 힘이 최상의 상태일 때조차 사회는 오물과 쓰레기를 만들 수밖에 없다. 사회가 활기차게 발전할수록 실패와 기형은 더욱더 풍부해진다. 하루만 청소하지 않아도 쓰레기 더미로 변하는 도시의 모습에서 알 수 있듯이, 인간이 만든 사회 속에는 쇠퇴하고 부패하는 것이 많다. 우리가 어떤 약과 의술로도 늙음과 노년을 제거할 수 없듯이, 사회와 문명 속의 부패는 어떤 제도로도 제거되지 않는다. 부패는 삶의 일부이고, 퇴폐는 사회의 자연스러운 현상이다.

우리는 퇴폐에 대해 과민하게 반응하거나 부도덕한 것으로 거부한다. 부패와 쇠퇴 같은 병적 성향은 악덕의 성향으로 여겨진다. 독신은 불임 성향을 보여주고, 신경증은 의지박약으로 해석되며, 알코올이나 마약 중독은 방종의 표현이다. 퇴폐를 도덕적으로 정죄한다. 무언가를 퇴폐적이라고 말하는 사람은 이미 그렇게 말함으로써 자신이 도덕적이라고 주장한다. 옷을 입어도 퇴폐적이고, 옷을 벗어도 퇴폐적이다. 이렇게 말하는 사람들은 도덕적 기준을 자의적으로 들이대면서 언제나 판단하고 또 판단한다. 그런데 과도한 도덕성이 오히려 퇴폐적이지 않은가?

19세기 프랑스에서 발생한 데카당스라는 문예사조는 퇴폐를 오히려 탐미의 대상으로 삼아 미학적으로 승화함으로써 기존의 도덕과 가치를 비판한다. 보들레르는《악의 꽃》에서 썩어가는 동물의 사체를 혐오스러워 보일 정도로 묘사하면서 부패가 다른 형태의 생명으로 전환되는 과정임을 암시한다. 사랑하는 여인도 언젠가 이렇게 될 것이다. 사랑하는 여인을 '부패의 꽃'으로 보는 것이 퇴폐적인가? 그 어떤 도덕도 배제하고 퇴폐와 부패 속에서 영원히 지속될 아름다움을 보는 것이 데카당스인가?

모든 생명의 현상을 도덕적 관점에서 평가하고 퇴폐와 부패를 부정하는 것이 오히려 퇴폐적이다. 완전한 도덕은 그 자체로 퇴폐적이다. 그렇다면 "도덕 같은 것은 꺼져버려라!"라고 외치는 데카당스는 어떤가? 혐오스러운 부패와 죽음을 정면으로 응시하면서도 그것을 예술과 자연의 일부로 승화시키는 것은 건강한 일이다. 예술 안에 있는 도덕화의 경향에 맞서 싸우는 예술은 언제나 '예술을 위한 예술'을 추구한다. 도덕을 설교

하고 인간을 개선하려는 목적이 예술에서 배제돼도 예술에 목적이 없는 것은 아니다. 예술은 삶에 기여해야 하고, 삶의 자극제가 돼야 한다. 이런 목적을 배제한 '예술을 위한 예술'도 역시 퇴폐적이다.

예술은 삶을 위한 예술이 돼야 한다. 우리는 이제까지 예술을 삶의 관점이 아닌 도덕의 관점에서 판단했다. '예술을 위한 예술'은 도덕적인 목적을 갖느니 차라리 어떤 목적도 갖지 않겠다고 천명한다. 이렇게 반도덕주의를 칭송한다. 마치 그것이 삶의 목적인 것처럼. 그러나 도덕을 완전히 배제한 예술도 삶에 해롭다. 악덕이나 사치, 범죄, 심지어 병에 대한 도덕 투쟁이 순진하고 불필요한 것처럼 보이듯이, 모든 도덕을 거부하는 허무주의 역시 파괴적이다. 퇴폐의 원인으로 간주했던 것은 사실 그 결과다. 도덕의 붕괴가 데카당스의 원인이 아니다. 도덕의 붕괴는 오히려 삶을 긍정하는 새로운 가치가 부재하기 때문에 생긴 결과다. 삶을 이해하려면 삶의 끔찍한 것과 의문스러운 것을 정당하게 대해야 한다.

06 | 자신을 해치는 자가 약자다

《권력에의 의지》

　　삶이 빈곤한 자, 약자는 삶을 더 빈곤하게 한다. 삶이 풍요로운 자, 강자는 삶을 풍요롭게 한다. 전자는 삶의 기생충이다. 후자는 삶에 선물을 주는 자다. 어떻게 헷갈릴 수 있겠는가?

- 48, 59쪽.

누가 약자인가? 약함과 약자라는 말을 입에 올리는 것 자체가 도덕적 감수성이 없는 것으로 여겨지는 시대에 이 질문은 우리를 당혹스럽게 만든다. '도덕적 올바름'은 약자와 강자의 구별 자체를 거부한다. 약자를 약자로 불러도 안 되고, 약자가 자신의 약함을 인정해도 안 된다. 전통적으로 약자는 사랑의 대상이었다. 성경에서 괴롭히지 말고 오히려 사랑하라고 권하는 고아와 과부와 나그네는 전통적 약자다. 사회와 공동체의 돌봄 없이는 제대로 살아갈 수 없는 사람이 약자였다. 사회적, 도덕적으로 보호돼야 하는 사람이 약자다.

누가 강자인가? 사람들은 약자를 불쌍하고 애처롭게 생각한다. 신체적 장애를 갖고 태어난 사람들이 공동체의 보호 속으로 숨어든다면, 그들은 도덕적 올바름에도 불구하고 여전히 약자다. 시각과 청각 모두를 잃은 헬렌 켈러는 스스로 언어를 배우고 교육과 인권 운동에 앞장섰다. 청력을 완전히 잃은 베토벤은 귀가 들리지 않는 상태에서도 아름다운 교향곡을 작곡했다. 루게릭병으로 전신이 마비된 스티븐 호킹은 육체적 장애를 뛰어넘어 엄청난 지적 성취를 이뤘다. 그들은 장애를 극복하고 강한 의지와 노력으로 세상을 변화시킨 강자들이다. 강자는 자신을 극복하고 세계를 변화시킨다.

강함과 약함, 강자와 약자를 구별하는 것이 매도되는 '도덕적 올바름'의 시대에도 약자는 여전히 존재한다. '약弱하다'는 것은 본래 활시위가 느슨해져 화살을 제대로 쏘지 못하는 것을 의미한다. 반면 '강强하다'는 것은 활시위가 팽팽해 과녁을 맞힐 힘이 있다는 뜻이다. 강자에게는 떨림이 있고 삶의 긴장이 느껴진다. 약자는 삶의 긴장을 견디지 못한다. 약자는 생명력이 현격히 떨어져 편안함과 안락함을 최고의 선으로 생각한다. 약자는 행복을 추구한다. 행복이 최고의 선으로 여겨지는 시대는 약자의 시대다. 차라투스트라는 이렇게 말한다. "인간이 동경의 화살을 자신의 너머로 더는 쏘지 못하고, 활시위를 윙윙거리며 울릴 줄도 모르는 그런 때가 오고 있다!" 약자는 꿈도 없고 동경도 모르며 창조도 모른다.

약자는 생명력이 소진돼 무기력한 자다. 어떤 일도 감당할 수 있는 기운과 힘이 없다. 반면 강자는 정력이 세다. 능동적이고 활동적이다. 생명력이 충만하다. 생명력은 무엇인가 새로운 일이 일어나도록 만드는 힘이다. 그는 자신을 극복하는 과정에서 주위를 변화시킨다. 강자는 결코 자신의 권력의지를 숨기지 않는다. 낯설고 이질적이며 의문스러운 것을 자기 것으로 만들려는 힘과 의지가 삶을 활시위처럼 팽팽하게 잡아당긴다. 삶의 건강한 긴장은 힘의 충만함에서 나온다.

강자는 언제나 강함과 약함을 구별한다. 약해지지 않으려면 강해져야 한다. 약함을 극복하려면 강함이 무엇인지 알아야 한다. 이런 힘이 자신의 내면에서 나오기 때문에 강자는 자신의 약함을 결코 남의 탓으로 돌리지 않는다. 반면에 약자는 언제나 남을 탓한다. 약자는 상처를 몹시 잘 입고, 타인을 절대 믿지 못하며, 어떤 일이든 스스로 해내지 못한다. 약자가 약한 것은 병 때문이 아니라 병약함 때문이다. 해로운 감염의 위험에 저항하는 힘의 부재가 약자를 결정한다. 저항력은 부서지고 회복력은 파괴된다. 도덕적으로 표현하면, 약자는 적 앞에서 체념하고 순종한다. 약자는 이런 병약한 상태를 들키지 않으려고 강자와 약자의 구별을 죽도록 싫어한다.

약자는 자기 자신을 해친다. 그것이 바로 데카당스다. 약자는 사회가 자신을 보호하지 않을까 봐 온갖 사람을 비방하고 중상모략하지만, 그럴수록 자신의 약함을 뼈저리게 느낀다. 강자를 멀리하고 거부할수록 약자는 자신의 병약함을 더 강렬하게 느낀다. 약자는 무해한 존재가 되는 것이 도덕적 선이라고 생각한다. 그들은 우리의 존재 자체가 다른 사람에게 영향을 주고 해를 끼칠 수 있다는 점을 망각한다. 약자가 끼치는 해악이야말로 가장 해롭다. 약자는 자신을 해치고, 결국 사회 전체를 무기력하게 만든다.

07 | 자신을 왜소하게 만드는 것을 직시하라 《권력에의 의지》

현대인을 가리키는 모든 것 안에는 타락의 요소가 스며있다. 그러나 질병에 가까워질수록 영혼의 실험되지 않은 힘이나 강력함의 징후가 드러나기도 한다. 소인小人을 더욱 왜소하게 만드는 그 원인이 더 강하고 드문 이들에게는 오히려 그들을 위대함으로 이끄는 계기가 된다.

- 109, 113쪽.

어떤 사람은 역경에 처하면 완전히 무너지지만, 그와 같은 역경으로 더 강해지는 사람도 있다. 얼마 걷지 않아도 다리가 풀려 제대로 걷지 못하는 사람에게는 걷는 것 자체가 역경이다. 어릴 적 물 건너고 언덕을 넘어 학교에 다녔던 사람은 걷는 걸 두려워하지 않는다. 많이 걸어도 다리가 아프지 않고 더 걸을 수 있다. 똑같은 거리의 길인데, 어떤 사람에게는 고행이고 어떤 사람에게는 가벼운 산책처럼 여겨진다. 우리의 삶도 이렇다. 작은 장애도 두려워하는 사람은 자신의 삶을 시험하지 않고, 고생을 기꺼이 사서 하는 사람은 삶이 두렵지 않다.

누구나 역경이 삶을 위협하는 곤경임을 안다. 길을 거꾸로 걷는 것은 누구에게나 어렵다. 삶을 쉽게 만드는 문명의 수단에는 타락의 요소가 있다. 우리가 쉽게 움직일 수 있도록 도와주는 자동차가 우리의 근육을 빼앗는 것처럼, 진보하는 것처럼 보이는 문명은 삶의 의지를 약화한다. 진정한 인간의 가치가 자기를 넘어서는 '권력에의 의지'에 있다고 믿는다면 겉모습에 속아서는 안 된다. 진보하면 모든 것이 좋아진다고 믿는 사람보다 어리석은 자는 없다. 모든 진보에는 반드시 퇴보하는 게 있게 마련이다.

실제로 모든 위대한 성장은 엄청난 쇠락과 소멸을 동

반한다. 진보와 성장의 믿음이 지배하는 시기에는 오히려 부패와 타락의 징후를 읽어내야 한다. 발전하면서 동시에 쇠락하는 것은 무엇인가? 성장하면서 동시에 부패시키는 것은 무엇인가? 강자를 위대함으로 이끄는 것이 왜 소인을 더 왜소하게 만드는가? 현대의 성격을 긍정적으로 묘사하는 몇 개 단어가 있다. 진보와 자유 그리고 풍요로움. 사람들은 사회가 발전하면 더 자유로워지고 더 풍요로워진다고 믿는다. 그런데 그 속에서 살아가는 사람은 정말 더 풍요롭고 더 자유로운가?

사회의 진보와 개인의 자유는 별개의 문제다. 오늘날 가장 진보적인 현상으로 일컬어지는 '개인화'는 개인이 발전할 수 있는 조건을 만들지만, 동시에 개인을 더욱 왜소하게 만들 수 있다. 현대사회는 개인이 기존의 사회적 역할에 의존하지 않고 자신을 스스로 정의하도록 강요한다. 정체성이 상속되는 전통사회와 달리, 현대인은 자신의 정체성을 스스로 구성해야 한다. 장애와 방해, 역경과 곤경은 이러한 자기 창조에서 핵심적인 역할을 한다. 무언가를 스스로 이겨내야 개인이 된다. 풍요로운 현대사회는 개인이 투쟁하지 않아도 생존할 수 있는 사회다. 여기서 풍요로움은 개인이 자신의 힘을 발휘할 기회를 박탈하고 마비시킨다.

사회가 개인화된다고 모든 사람이 개인으로 존재하는 것은 아니다. 제대로 싸울 기회가 없어 경쟁과 투쟁을 두려워하는 개인은 점점 더 왜소해진다. 왜소해지고 약한 개인은 장애물이 자신을 부정적으로 정의하도록 허용한다. 내면이 쪼그라들고 외면이 왜소해질수록, 사람은 사회적 규범을 따르고 외부의 인정을 추구하며 투쟁을 회피한다. 그들은 다른 사람들이 사는 방식대로 살아가고, 다른 사람의 시선을 의식할수록 더욱더 작아진다. 자신이 왜소해질수록 그들은 위대해 보이는 다른 사람을 병적으로 좋아한다. 이렇게 편안함이 야망과 동경을 대체하는 공허한 '마지막 인간'이 생겨난다.

현대의 약자 마지막 인간은 약한 자신을 절대 바꾸려 하지 않지만 홀로 남겨지는 것은 무서워한다. 그들은 불편과 두려움을 피하려고 무리를 짓는다. 그들은 무리의 중간치를 기준으로 삼기 때문에 더 커지려는 욕망이 없다. 평범한 중간치를 가장 가치 있는 것으로 평가하는 것은 다수의 무리가 살아가는 방식이다. 중용의 덕이란 겸손하고 양순하게 길들이는 것이다. 그것은 늑대를 개로 만들고, 인간 자체를 최고의 가축으로 만든다. 이렇게 만들어진 마지막 인간들은 서로 둥글둥글 잘 지내고 정직하고 친절하다. 마치 작은 모래알들이 다른 모래알들과 둥글둥글 잘 지내고 정직하고 친절하듯이. 이렇게 뿔뿔이 흩어진 개인들은 작은 행복을 겸손하게 얼싸안으면서 점점 더 작아진다. 개인이 된다는 것은 자기 존재의 주권자로서 성장할 기회이기도 하지만 왜소해질 위험이기도 하다. 무엇이 나를 작아지게 만드는가?

08 | 자극에 반응하지 마라

《인간적인 너무나 인간적인 I》

    감각과 지식, 체험이 축적되면서 생긴 문화적 부담은 이제 신경과 사고력을 지나치게 자극할 만큼 커졌고, 이는 현대사회 전반에 걸친 보편적인 위험이 됐다. 실제로 유럽의 교양 있는 계층은 대체로 신경쇠약적인 경향을 보이며, 거의 모든 대가족 안에는 정신적 불안이나 광기에 가까운 상태를 겪는 이가 하나쯤은 존재하게 됐다. 물론 오늘날 사람들은 다양한 방식으로 건강을 추구하고 있지만, 정작 가장 절실한 것은 감정의 과도한 긴장과 압도적인 문화적 무게를 덜어내는 일이다.

- 〈제5장 좀 더 높은 문화와 좀 더 낮은 문화의 징후〉, 244, KSA 2, 204쪽.

반응하지 않아야 할 때 빨리 그리고 맹목적으로 반응하는 것은 병이다. 현대인은 지속적인 자극에 노출돼 있다. 지식은 폭발적으로 늘어나고, 우리의 감각은 팽창한다. 1900년까지 인간의 지식이 배로 늘어나는 데 거의 한 세기가 걸렸다면, 현재 인간의 지식은 평균적으로 13개월마다 두 배로 늘어나고 있다. 언론과 텔레비전, 소셜 미디어를 통해 쏟아지는 정보는 우리의 감각을 자극한다. 방금 획득한 지식이 금방 새로운 지식에 묻히고 자극을 소화하기도 전에 더 강렬한 놈이 우리를 자극한다면, 우리의 감각 능력과 사고력은 과부하에 걸린다. 우리 배가 먹은 음식물을 다 소화하지 못했는데도 끊임없이 먹는 것처럼, 우리는 외부의 감각에 제대로 대응하기도 전에 또 다른 자극에 반응한다. 현대인은 무조건 반응하고, 맹목적으로 반응한다.

　　　　우리의 신경계가 외부 자극이나 내부 감정에 대해 비정상적으로 강하게 반응하는 것은 '과민증'이다. 우리의 감각기관은 외부의 자극을 알아차리고 그 대상을 인식한다. 감각은 단순한 느낌이 아니다. 감각은 외부의 자극을 인식하고 해석한다. 무엇인가를 느끼고 지각하는 능력이 빠르고 뛰어나면 예민하다고 한다. 그러나 자극에 너무 빠르게 반응하거나 쉽게 영향을 받으면 민감한 것이다. 이런 경우 우리의 감수성은 왜곡되고 때로는 마비돼 자극을 제대로 해석하지 못한다. 자극에 무조건 반응하는 것은 병이다. 감각이 과도하게 민감해지는 신체적 과민 반응을 넘어 불안, 강박, 공포를 수반하는 만성적 신경 장애인 노이로제로 이어진다.

사람들은 알레르기질환이나 자가면역질환과 같은 면역 과민 반응은 알고 있으면서도 과민증이 우리의 삶과 문화에 미치는 영향을 간과한다. 소화되지 않은 과도한 자극은 스트레스가 된다. 스트레스는 과민 반응이다. 현대인은 작은 소리에도 극심한 불쾌감을 느끼고, 빛에 대한 과도한 민감성으로 두통과 피로에 시달리며, 특정 접촉에 극심한 불편을 느낀다. 우리는 과도한 자극으로 지속적인 긴장 상태에 놓여있다. 해석은 하지 못하고 반응만 한다. 이렇게 과민증은 우리의 감각을 왜곡하고 감수성을 파괴한다. 자극이 거의 없거나 전혀 없는 상태에서도 지속적인 성적 흥분을 경험하는 것을 '지속적 성적 흥분 장애'라고 한다. 이것은 정상적인 성적 흥분과 다르게 쾌락을 동반하지 않으며 심리적 고통을 유발한다. 과민증은 건강한 쾌락으로 이어지지 않으며 오히려 불감증을 유발한다.

현대의 교양 계층은 신경증적이 됐다. 과도한 감수성과 신경증적 반응은 쇠퇴의 징후다. 과민증이 심화하면 표현의 자유가 위축된다. 옳고 그름에 너무나 민감해 말도 제대로 하지 못한다. 신체의 면역계가 외부의 자극에 과도하게 반응해 자기 자신을 공격하는 알레르기질환처럼, 과민 사회는 조금만 이상하고 비정상적으로 보여도 과도하게 공격해 궁극적으로 문화적 활력을 파괴한다. 과민 사회는 자기 검열 사회다. 예술가는 자기 검열을 통해 논란을 피하려 하고, 창조적 아이디어가 억제되면서 문화적 다양성이 줄어든다. 과민증이 도덕적 교조주의로 발전해 다양한 가치관을 수용하기보다 특정한 도덕적 기준을 절대화하는 경직된 과민 사회에서는 역동적 문화가 성장하지 않는다.

        과민 사회에서 사람들은 자극에 대한 저항력을 잃는다. 사람들은 자극을 피하거나 빠르게 소모하려고 엔터테인먼트 문화에 몰입한다. 사람들은 치료제라고 믿으면서 실제로는 쇠약을 촉진하는 것을 선택하는 것이다. 외부의 자극에 저항하고 해석하는 대신에 수동적으로 반응한다. 이런 데카당스 상태에서 행해진 모든 것은 결국 자기 자신을 해친다. 외부의 자극을 자기 극복의 자원으로 전환하려면, 우리는 우선 행위를 중단하고 반응하지 않을 힘을 키워야 한다. 강한 정신은 반응의 기다림과 연기에서 나타난다. 자극에 무조건 반응하지 말고, 그것을 어떻게 전환할지 생각하라. 때로는 아무것도 하지 않는 것이 무언가를 하는 것보다 훨씬 더 유용하다. 왜 모든 것에 반응하려 하는가?

09 | 악해질 수도 있는 능력을 키워라

《차라투스트라는 이렇게 말했다》

지금까지 내가 깨달은 한 가지는, 인간이 자신의 최선을 실현하려면 자신의 최악이 필요하다는 것이다. 인간에게 있어 모든 최악의 것은 가장 큰 힘의 원천이 되며, 최고의 창조자를 위한 가장 견고한 초석이 된다. 결국 인간은 더 선해져야 하고 동시에 더 악해질 줄도 알아야 한다.

— III, 〈치유되고 있는 자〉, KSA 4, 274쪽.

우리는 언제 악하다고 말하는가? 인류의 모든 근원적인 상태에서 악하다는 것은 언제나 '개인주의적이다'로 이해됐다. 권위주의적 가부장제 사회에서 자신의 욕망과 신념을 위해 부모의 말을 따르지 않는 것은 악한 것이다. 자의적이고 길들지 않으며 예측할 수 없는 사람은 악한 사람으로 여겨졌다. 관습과 규범은 언제나 우리를 예측할 수 있는 도덕적 존재로 길들이려 한다. 우리가 관습의 명령에 복종하지 않고 다른 동기 때문에 행동한다면, 그것은 악한 것으로 규정되고 우리도 스스로 그렇게 느낀다. 자유로운 인간은 모든 점에서 관습과 규범이 아니라 자신에게 의존하고 자신의 의지에 따라 행동하려고 한다. 자유로운 인간은 악하고 비윤리적이다. 우리가 자유와 자율을 원한다면, 우리는 악해져야 한다.

　　　　악할 수 있는 능력을 상실한 사람은 선할 수도 없다. 오늘날 우리는 어떤 가치도 절대적일 수 없다고 믿는 허무주의 시대에 살고 있다. 관습은 쇠퇴하고, 규범의 힘은 놀라울 정도로 약해졌다. 개인이 어떻게 살아야 하는가를 규정하는 윤리의 감정은 매우 세련되게 분화됐다. 설령 모든 개인이 관습을 거부하고 부정하더라도, 적어도 어떻게 살아야 하는가는 스스로 결정해야 한다. 자신에게 무엇이 좋은지를 결정하려면, 다시 말해 자신의 개인 선을 실현하려면 악해질 줄도 알아야 한다. 악하다는 것은 개인주의적이고, 자유롭다는 것을 의미하지 않는가.

그래서 우리는 위선을 벗어던져야 한다. 위선은 수천 년 동안 인류를 지배한 삶의 방식이었다. 위선은 겉으로만 착한 척, 선한 척하는 것이다. 위선을 하려면 적어도 선과 도덕에 대한 믿음이 강해야 한다. 우리에게 강요된 것이건 스스로 내면화한 것이건 선과 도덕에 대한 믿음이 없다면 위선은 불가능하다. 누가 가장 선한 사람인가? 첫째, 도덕법을 가장 많이 이행하고, 둘째, 도덕법을 이행하기 가장 어려운 경우에도 법을 지키려 노력하며, 셋째, 도덕과 관습을 위해 가장 많이 희생하는 사람이 선한 사람이다. 도덕을 이행해야 하지만 이행하기 어려워서 사람은 위선자가 된다. 위선은 자신이 믿고 표현한 도덕적 규칙과 원칙을 따르지 못하는 것이다. 위선은 도덕에 대한 강한 신앙의 시대에만 가능하다.

오늘날 도덕에 대한 믿음은 옅어졌다. 확신이 없어진 시대에는 모든 믿음이 가능하다. 가능하다는 것은 허용된다는 것을 의미하고, 그것은 해롭지 않다는 것을 의미한다. 자신이 믿고 설정한 규범의 힘이 약해졌기 때문에 개인은 자신에 대해 관대하다. 자신에 대한 관용이 좀 더 큰 신념을 허용한다. 개인은 자신이 믿고 싶은 것을 믿는다. 한때 금지됐던 것이 이제는 대부분 허용되는 시대에 우리는 더는 위선적일 필요가 없다. 위선을 떨 필요가 없는 사람에게는 모든 것이 선할 수도 있고 동시에 악할 수도 있다. 선악의 경계가 사라진다.

선과 함께 악도 사라지는 것이 진정한 문제다. 현대

인은 악과 악덕을 비교적 편안하게 받아들인다. 한때 탐욕이 악덕이었다면, 이제는 소비를 위한 탐욕은 미덕으로 받아들인다. 7대 죄악이라고 불렸던 교만·탐욕·분노·시기·정욕·폭식·게으름은 모두 상대화된다. 악덕은 더는 존재하지 않는다. 악덕은 사회에 의해 규정된 것이든 개인이 스스로 설정한 것이든 우리가 억압하고 극복하고자 하는 것이다. 악은 극복하고자 하는 강한 의지 없이 존재하지 않는다. 모든 것이 허용되는 허무주의 사회에서 강한 의지가 제약했던 악덕은 모두 미덕으로 변질된다.

우리가 주권적 개인으로 다시 태어나려면 때로는 위악적일 필요가 있다. 위선적인 현실을 타파하려고 짐짓 악한 체하는 행동에는 무엇이 악한가를 스스로 규정하려는 개인의 의지가 들어있다. 모든 개인적 행위나 사고방식은 전율을 불러일으킨다. 다른 사람들보다 비범하고 특별한 독창적인 정신의 소유자들은 언제나 악하고 위험한 사람으로 여겨졌다. 본인의 의지로써 원한 것에 대해서만 책임지겠다는 주권적 개인은 물론 고통을 겪는다. 그러나 자신을 존중할 수 있으려면 우리는 악해질 수도 있는 능력을 지녀야 한다.

10 | 진리를 원하면 거짓말을 두려워하지 마라

《차라투스트라는 이렇게 말했다》

선한 사람들은 결코 진실을 말하지 않는다. 정신이 지나치게 선하다는 것은, 어쩌면 일종의 병이다. 그들은 언제나 양보하고 참고 조용히 견뎌낸다. 그들의 말은 자신의 것이 아니라 남의 생각을 따라가고, 그들의 마음 깊은 곳은 순종으로 물들어 있다. 그러나 순종하는 사람은 결코 자기 내면의 목소리에 귀 기울이지 않는다. 진리가 하나 탄생하려면, 선한 사람들이 '악'이라 부르는 모든 것이 함께 작용해야 한다. 아, 나의 형제들이여, 그대들은 그런 진리를 감당할 만큼 충분히 '악'한가?

— III, 〈낡은 서판과 새로운 서판에 대하여〉, KSA 4, 251쪽.

진리에 대한 절대적 믿음이 수많은 거짓말을 만들어 낸다. 가짜 뉴스가 범람하고, 허위 정보가 판을 치며, 대안적 진실이 생산된다. 모두가 진리를 추구한다고 주장하는데, 사실 모두가 거짓말을 한다. 오늘날 말로 표현할 수 없는 진리는 존재하지 않는다. 모든 것이 말하고, 모든 것이 누설된다. 자신들이 진리의 편이라고 생각하고 착한 사람이라고 자칭하는 자들이야말로 가장 해로운 독파리다. 그들은 악의 없이 쏘아대고, 악의 없이 거짓말한다. 진리를 믿으면서 거짓말을 해대는 것만큼 더 퇴폐적인 사회가 있을까?

착한 사람들에게 거짓말은 진리의 적이다. 거짓말을 해서는 안 된다는 것이 진리다. 누가 이런 진리를 만들었는가? 신인가, 아니면 자연인가? 우리가 일반적으로 진리라고 생각하는 것은 영원하고 객관적인 현실이 아니다. 그것은 언어와 권력, 역사적 우연에 의해 형성된 인간의 구성물일 뿐이다. 사회가 실존하려면 '진리가 있어야 한다'라는 관습이 지배해야 한다. 우리가 '진리'라고 부르는 것은 시간이 지나면서 고정된 은유와 관습의 모음일 뿐이다.

진리는 삶을 위해 창조된 환상일 뿐이다. 진리는 시간이 흘러 그것이 환상이라는 사실을 망각한 환상이며, 마모되어 감각적인 힘을 잃어버린 비유다. 진리와 사실은 존재하지 않는다. 오직 해석만 있을 뿐이다. 세계가 변화하고 유동적이라면, 삶을 해석하는 우리의 관점은 위치를 끊임없이 바꾸면서도 진리에 다가가지 못하는 거짓에 불과하다. 이 거짓이 진리가 되려면 관습과 사회적 강화를 통해 그 근원인 관점과 해석을 망각해야 한다. 진리에 대한 믿음은 모든 사람이 규약에 따라 무리를 지어 거짓말해야 한다는 의무다. 그래서 진리를 믿을수록 거짓말을 많이 한다. 거짓말을 많이 하는 사람일수록 자신이 진리를 믿는 착한 사람이라고 착각한다.

세상에 온통 착한 사람투성이인데 오히려 사악해지고, 모든 사람이 오직 진리만 말한다고 하는데 거짓투성이라면, 우리는 어떻게 살아야 하는가? 퇴락한 삶의 의지를 되살리려면 우리는 진리보다 진실성을 추구해야 한다. 우리는 삶과 자기 자신에 대해 진실해야 한다. 우리가 절대적이고 변하지 않는 진리를 추구하는 것은 불확실성에 대한 두려움 때문이다. 본질적으로 고정된 것이 아니라 끊임없이 변화하는 세상에서 안정에 대한 욕구가 진리를 만들어낸다. 그러나 그것은 힘의 표현이 아니라 약함과 타락의 표현이다.

선한 사람은 타인에게 친절하다. 타인도 자신을 친절하게 대하길 원하기 때문이다. 서로가 친절해야 삶이 안전해진다. 그것은 사회에서 통용되는 형태로서 누구나 알아차리는 피상적 친절이다. 이런 친절은 자신의 악함을 감추고, 타인의 악함에 눈을 감는다. 선한 사람은 남을 따라 말하고, 남의 시선을 의식하며 살아간다. 선한 사람은 자신의 본심에 귀를 기울이지 않는다. 자신의 본심에 귀를 기울이면 거기에는 사람들이 악이라고 부르는 모든 것이 꿈틀거린다. 타인의 약함을 지적하고 공격하며 상처 입히려는 의지가 거기에 있다. 타인을 공격함으로써 자신도 상처받을 수 있다는 두려움이 거기에 있다. 편안하고 안락한 삶을 유지하려면 내면의 충동을 억제하고 사회적 관습에 순종해야 한다.

삶을 위한 새로운 관점을 세우려면 우리는 변화하는 삶에 진실해야 한다. 진실성은 복잡하고 모호한 현실에 대한 적극적이고 정직한 참여다. 궁극적인 진실을 소유하고 있다고 주장하는 사람들은 자신의 믿음을 비판적으로 검토하려는 의지가 종종 적거나 없다. 반면에 진정으로 진실을 추구하는 개인은 인간 지식의 한계를 인식하고 세상에 대한 이해를 끊임없이 다듬고 재평가한다. 고정된 진리에 집착하는 대신, 진리가 항상 불완전하고 임시적일 것임을 알면서도 용감하게 진리를 추구하는 자유정신이 진실성이다. 불확실성을 견뎌내고 변화하는 현실에 대처하려면 자신의 관점이 거짓일 수 있음을 알고 거짓말을 두려워하지 말아야 한다. 거짓말할 힘이 없다는 것이 결코 진리에 대한 사랑은 아니다.

11 | 고통에 대해 분노케 하는 것은 고통 자체가 아니라 그 무의미다 《도덕의 계보》

오늘날 고통은 실존을 반대하는 가장 강력한 논거로, 삶 자체를 의심하게 만드는 첫 번째 질문처럼 여겨진다. 그렇기에 우리는 이와 정반대로 생각하던 시대를 떠올려볼 필요가 있다. 그 시절 사람들은 고통 없이 살 수 없었고, 오히려 고통 속에서 삶의 가장 강력한 마법과 진정한 매력을 봤다. …… 사실 고통이 우리에게 분노를 일으키는 이유는 고통 그 자체라기보다, 그 고통이 아무런 의미도 없다고 느껴질 때다.

- II 7, KSA 5, 303~304쪽.

내 삶의 구원을 위한 10개의 고통스러운 말

현대사회에는 의미 없는 '사고'는 많고 의미 있는 '사건'은 별로 없다. 오늘날에도 수많은 사람이 죽어가지만, 죽음의 고통에 관한 이야기는 들리지 않는다. 현대인은 고통 자체를 제거해야만 하는 무엇으로 여긴다. 고통은 실존을 반대하는 논증이다. 왜 우리는 쓸데없이 고통을 당해야 하는가? 고통을 당할 바에야 차라리 죽는 것이 낫다. 고통은 아무런 의미가 없다. 고통은 기껏해야 삶의 기능장애다. 이러한 정서가 현대인을 지배한다.

고통을 회피하고 혐오하는 사람이 고통을 경험할 리 없다. 현대인이 삶을 부정하게 만드는 피로에 지친 염세주의적 시선, 삶의 수수께끼에 대한 불신, 삶에 대한 구토는 모두 실존적 고통에서 기인하는 것처럼 보인다. 그러나 그것은 착각이다. 현대인은 오히려 고통을 경험하지 못하기 때문에 피로하고 불신하며 불안해한다. 그들은 삶의 안전, 아무 탈 없는 편안함, 쾌적함과 편의가 보장되는 일반적인 행복을 추구하기 때문에 고통 자체를 싫어한다. 그들이 고통받는 모든 자에 대한 공감을 주장하는 것도 사실 고통을 싫어하기 때문이다.

현대의 소비문화는 편안함을 물신화하고, 고통 없는 실존이라는 환상을 판매한다. 스트레스에서 벗어나기 위한 휴가, 슬픔을 달래는 약, 지루함을 피하기 위한 오락 등 광고는 끊임없이 고통 없는 이상적인 삶을 묘사한다. 고통은 비정상적인 것이 된다. 이처럼 만연한 메시지는 한결같이 개인적인 고통을 일종의 무능으로 변질시킨다. 누군가가 신체적 또는 정서적 또는 실존적 고통을 겪고 있다면, 이는 그가 삶을 제대로 최적화하지 못했음을 시사한다. 고통받는 사람은 이중으로 상처를 받는다. 첫째는 고통이고, 둘째는 그것을 고치지 못했다는 수치심이다. 이러한 사회에서 고통은 아무런 의미가 없다. 우리가 고통을 싫어하고 고통에 대해 분노하는 것은 사실 고통 자체가 아니라 고통의 무의미다.

그런데 고대에는 고통이 단순히 용인되는 것이 아니라 찬양의 대상이었다. 고통은 영웅심과 신의 관심 그리고 실존적 중요성을 나타내는 지표였다. 고대 그리스인은 고통을 통해 삶의 끔찍한 것과 의문스러운 것을 마주하고, 이러한 고통을 승화해 온전한 삶을 살 수 있었다. 호메로스의 《일리아스》에 묘사되는 아킬레우스의 고통은 이 과정을 잘 보여준다. 세계 최고의 전사인 아킬레우스는 자신의 가장 친밀한 친구인 파트로클로스가 전투에 나갔다가 헥토르에게 죽임을 당하자 깊은 절망과 자기 파괴적 슬픔에 빠진다. 고통을 회피하지 않고 받아들이는 아킬레우스는 자신의 오만함이 얼마나 취약한지 깨닫고, 친구의 죽음을 헛되게 하지 않겠다는 의지로 복수를 결심한다. 아킬레우스는 헥토르를 죽임으로써 친구와 자신의 명예를 세우고, 죽음과 고통과 덧없음이라는 인간의 조건과 자신의 운명을 받아들인다. 아들의 시신을 돌려달라는 프리아모스 왕의 손을 잡는 아킬레우스는 자신의 고통을 넘어 타인의 고통을 이해하게 된다.

고통을 의미 있게 만드는 것은 고대의 비극처럼 우리가 공유하는 문화적 서사다. 기독교 전통은 고통이 그리스도의 수난에 참여함으로써 구원으로 가는 길이라고 일관되게 해석한다. 고통에 의미를 부여했던 공유된 형이상학적 또는 문화적 서사는 현대에 들어서 붕괴됐다. 고통을 맥락화할 형이상학적 이야기가 없다면, 고통은 쾌락을 추구하는 삶에 대한 부조리한 방해일 뿐이다. 예전에 우리는 개인적 상실이나 고통을 신앙의 시험이나 신의 계획의 일부로 해석했다. 고통이 사랑하는 사람에게 더 많이 주는 잔인한 신의 선물로 여겼을지도 모른다. 철저하게 세속화된 오늘날 대부분의 고통은 단지 무의미한 사고처럼 느껴진다. 고통은 이제 심리화되고 의료화돼, 견디고 극복해야 할 실존적 문제가 아니라 치료해야 할 질병이 된다.

무의미한 고통의 결과는 심리적 연약함의 증가다. 고통에 의미가 없다면 고통은 단지 손상으로만 여겨진다. 고통을 견뎌내거나 영혼을 강화하는 통과의례로 여길 유인이 거의 없다. 의미 없는 고통을 극복하는 길은 고통 자체를 의미 있게 만드는 것이다. 우리는 고통을 투쟁과 극복 그리고 성장의 일부로 재구성하는 나만의 개인적 이야기를 만들어야 한다.

12 | 고통에 대한 처방은 고통이다 《즐거운 학문》

    고통에 대한 실제 경험이 부족한 시대일수록, 사람들은 단지 고통을 상상하는 것만으로도 그것을 극단적인 고통처럼 여기는 경향이 있다. 내게는 이처럼 과도한 예민함과 염세적 철학에 대한 효과적인 처방이 있다. 하지만 그 처방은 오늘날 사람들에겐 너무 가혹하게 들릴 수 있고, 도리어 '삶은 악하다'는 판단을 강화시키는 예로 여겨질지도 모른다. 그러나 분명히 말하자면, 고통에 대한 가장 좋은 처방은 바로 고통 그 자체다.

- I 48, KSA 3, 414쪽.

우리는 고통에 대한 지식과 태도에 따라 인간과 시대를 구분할 수 있다. 모든 시대는 그 시대의 고유한 고통이 있다. 고대 세계에서는 고통이 삶의 기본 전제였다. 생존은 보장되지 않았고 질병과 기근, 전쟁과 폭력이 일상의 일부였다. 개개인이 외부의 폭력에 대해 자신을 보존하려면 스스로 폭력을 행사할 줄 알아야 했다. 이러한 폭력적 인간이 지배하는 공포의 시대에 고통은 피할 수 있는 것이 아니라 극복해야 할 운명이었다. 그 과정에서 인간은 잔인함과 강인함, 폭력과 권력의 기술, 자기 극복의 덕성을 발전시켰다. 애국심과 강한 체력을 지니고 국가에 봉사하는 인간을 키우는 스파르타의 '아고게agoge' 교육 프로그램은 폭력을 제외하고는 상상할 수 없다. 고통 참기는 폭력적 의식이었다.

반면 현대사회는 고통을 병리적 문제로 간주한다. 현대는 물리적 고통이 거의 제거된 시대다. 산업혁명 이후 과학과 기술의 발전은 생존에 필요한 기본 조건을 안정적으로 충족시켰다. 의료의 발전은 질병을 제어하고, 평균수명을 연장하며, 법과 제도는 폭력으로부터 개인을 보호한다. 우리는 이러한 과정을 '문명화'라고 부른다. 우리의 삶에서 폭력과 고통을 가능한 한 제거하는 문명화 과정은 폭력적인 외부 통제를 심리적 내부 통제로 전환한다. 과거에 인간은 타인에 의해 외적으로 통제됐지만, 문명화가 진행되면서 사회는 인간 스스로가 자신의 충동과 욕구, 폭력성을 내면화해 억제하는 방향으로 전환했다.

폭력이 눈에 보이지 않는다고 사라지는 것은 아니다. 중세의 고문, 노예제도, 공개 처형, 무장 충돌 등은 모두 명백하고 가시적인 폭력이었다. 이러한 폭력은 누구의 눈에도 분명히 인식될 수 있었으며, 반응하거나 저항하는 것도 가능했다. 하지만 현대사회에서 폭력은 훨씬 은밀하고 세련된 방식으로 존재한다. 피해자는 폭력을 인지하지 못한 채 자신을 탓하거나, 상황을 정상이라고 받아들이기 쉽다. 가시적 폭력은 저항을 촉발할 수 있지만, 미시적 폭력은 자기 비난과 수동성을 유발한다. 외부의 억압이 내부화돼 자기 억압으로 전환된다. 사람들은 외부 권위가 명령하지 않아도 스스로 규율하고 처벌한다. 이는 자기 검열과 내적 불안의 형태로 종종 나타난다. 결국 문명화 과정은 폭력을 제거한 것이 아니라 외부적 강제를 인간 내부로 옮겨놓았다. 가시적 폭력이 줄어든 자리를 은밀하고 지속적인 미시적 폭력이 채웠고, 이는 인간 존재에 더 깊은 상처를 남기고 있다.

현대사회는 미시적 폭력의 존재를 자각하게 만들어 사회 문화적 구조의 폭력적 요소를 완전히 제거하려 한다. 우리 인간과 사회에서 폭력과 고통은 완전히 사라질 수 있는가? 폭력을 제거하려는 모든 시도가 다른 종류와 형태의 폭력을 만들어냈다면, 우리는 폭력과 고통에 대한 인식을 바꿔야 하는 것은 아닌가? 폭력과 고통 자체를 제거하려는 현대사회는 오히려 인간 스스로를 병들게 만드는 교묘한 시스템이 아닌가?

우리는 문명화 과정을 뒤집어볼 필요가 있다. 문명화는 인간이 자신의 공격성과 충동성, 욕망을 외부 통제 없이 스스로 억제하는 과정이지만, 그것은 거꾸로 인간 내면에 억압된 충동을 쌓아놓는 효과도 가져왔다. 폭력이 야만적인 것으로 여겨져 사회적으로 금기시되면, 인간의 자연스러운 본능조차 표현해서는 안 되는 것으로 간주된다. 외적 폭력이 사라진 것처럼 보일수록 폭력 그 자체를 '없는 것처럼' 여기는 심리를 낳는다.

인간은 본성상 분노나 질투, 적대심, 공격성 같은 감정을 가지고 태어난다. 고대나 전통 사회에서는 이 감정들을 승화하거나 극복하는 사회적 의식과 훈련이 있었다. 하지만 현대의 미시적 폭력 사회에서는 분노를 표현하는 것 자체가 금지되고, 공격성을 느끼는 것조차 죄책감을 유발한다. 폭력적 충동을 다루고 조절할 기회를 가지지 못한 채 억압만 당한다. 이로 인해 인간은 자신의 폭력성을 의식하고 다루는 능력을 상실한다. 이러한 능력을 회복하려면 고통을 무조건 거부하지 말고 '다른 고통'으로 승화해야 한다. 고통의 처방은 고통이다.

13 영혼은 고통으로 만들어진다

《선악의 저편》

그대들은 아직 알지 못하는가? 지금까지 인간의 모든 성장은 오직 고통, 그것도 큰 고통을 겪고 견뎌낸 훈련을 통해 이뤄져 왔다는 사실을. 불행한 영혼에 긴장과 힘을 불어넣는 저 내면의 울림, 위대한 몰락 앞에서 느껴지는 전율, 고통을 짊어지고 그것을 해석하고 견뎌내며 마침내 삶에 활용해내는 영혼의 창의성과 용기, 그리고 언젠가 영혼이 깊이와 비밀, 가면과 지성, 간계와 위대함을 얻었던 그 모든 것. 이것이야말로 엄청난 고통의 훈련이 가져다준 선물이 아니었던가?

– VII 225, KSA 5, 161쪽.

영혼처럼 오늘날 고루하고 진부하게 느껴지는 단어도 없다. 사회의 안전지대에서 편안하게 살아가려는 현대인에게 영혼과 마음, 정신은 이해하기도 어렵고 이해하고 싶지도 않은 낱말이다. 어떤 사람은 이렇게 영혼을 회피하거나 포기하는 현상 자체가 바로 '영혼 없는 삶'의 징표라고 질타할 수도 있다. 하지만 그도 영혼이 도대체 무엇이냐는 물음에는 쉽게 대답하지 못한다. 하물며 영혼이 고통을 통해 생성된다는 니체의 말은 심지어 불쾌하게 느껴질 수도 있다.

　　많은 현대인은 고통이 의미가 있고 가치를 가질 수 있다는 생각에 냉소적으로 반응한다. "고통이 영혼을 만든다면, 차라리 영혼 없이 사는 편이 낫다." 고통스러운 영혼보다는 고통 없는 삶을 살겠다는 태도는 표면적으로 유머러스하게 들리지만, 실제로는 내면의 깊이로부터 도피하는 경향을 드러낸다. 이러한 경향은 고통과 역경을 변혁의 기회로 보는 것을 거부한다. 하지만 내면의 힘과 도덕적 깊이, 다시 말해 영적인 성숙함이 없다면 우리의 안락한 삶은 지속되지 않고 무의미한 권태의 나락으로 떨어진다.

　　영혼이 쉽게 이해되지 않을 때, 나는 종종 포도주를 생각한다. 오랜 세월을 거쳐 숙성되지 않은 포도주는 아무런 맛이 없다. 무엇이 포도주가 잘 익도록 하는지 의견의 차이가 있더라도 숙성된 포도주가 맛있다는 데는 이견이 없다. 우리 인간의 삶도 이와 같다. 숙성한 인간에게는 영혼이 있다. 우리가 포도주 없이 살 수 있는 것처럼 영혼 없이도 살 수 있다. 그렇지만 만약 영혼이 있다면, 우리는 그 영혼의 달콤함으로 삶의 물을 계속해서 포도주로 바꿀 수 있을지도 모른다. 아무리 삶이 고단하고 고통스럽더라도 살 만한 가치가 있도록 만드는 것이 바로 우리의 영혼이다.

영혼을 경시하고 조소하는 시대에 영혼은 왜 필요한가? 현대사회는 속도와 불안정으로 규정된다. 정신없이 변화하는 시대에 정체성은 변화하고, 제도는 무너지며, 디지털 세상은 진짜와 가짜의 경계를 모호하게 만든다. 이러한 세상에서 영혼은 개인의 중심점으로 이해되며, 우리의 삶에 일관성을 제공한다. 영혼이 있음은 중심을 잡고 일관성 있는 태도를 유지한다는 것을 의미한다. 영혼은 상실이나 배신, 외로움으로 붕괴하지 않고 견뎌낼 수 있는 실존적 힘이다. 영혼은 사랑했던 것을 잃은 후에도 여전히 존재한다고 말하는 능력이다.

어떤 대가를 치르더라도 고통을 피하는 세상에서 영혼은 존엄성과 목적을 가지고 고통을 극복하는 법을 가르쳐준다. 영혼이 없다면 고통은 그저 고통일 뿐이지만, 영혼이 있다면 고통은 통과의례가 된다. 영혼은 역경을 통찰력으로, 슬픔을 연민으로, 실패를 겸손으로 변화시킬 수 있게 한다. 우리가 스스로 작게 느끼는 순간 우리를 작게 만드는 것에 대해 저항하는 것이 바로 영혼이다. 영혼이 없다면 우리는 조그만 압력에도 무너진다. 신체의 약함이 아니라 내면의 약함 때문이다.

　　　　　속이 단단한 사람에게는 영혼이 있다. 영혼은 바로 저항이다. 억압적인 시스템, 사회적 불의, 순응적인 환경 속에서 "이건 옳지 않아."라고 우리에게 속삭이는 게 영혼이다. 시민운동가와 반체제 인사, 순교자 그리고 내부 고발자들에게 활력을 불어넣는 것도 바로 영혼이다. 자동화와 계량화로 모든 것이 획일적으로 표준화되는 사회에서 어떤 기능과 숫자로도 환원될 수 없음을 보여주는 것이 영혼이다. 영혼은 이렇게 현실에 대한 환상이 깨지고, 고통을 통해 실존적 한계와 부딪힐 때 형성된다. 고통의 담금질로 우리의 영혼은 강해진다.

　　　　　육체의 만성적인 병과 마찬가지로 영혼의 만성적인 병은 한 번의 커다란 훼손과 고통으로 생기는 경우는 드물다. 영혼의 병도 무수히 많은 사소한 소홀 때문에 발생한다. 따라서 발병과 마찬가지로 치료도 서서히 그리고 미세하게 이뤄져야 한다. 자신의 영혼을 치유하려는 사람은 가장 사소한 습관을 고쳐야 한다. 고통을 없애고 안락함을 추구하는 경향에 저항하고 내면의 힘을 키우는 연습을 해야 한다. 그래야 상처를 입어도 영혼이 깊어진다.

14 | 잔인함 없는 축제란 없다

《도덕의 계보》

고통을 바라보는 일은 인간에게 일종의 쾌감을 준다. 그리고 고통을 주는 일은 더 큰 쾌감을 안겨준다. 이 말은 냉혹하게 들릴 수 있지만, 오래된 본능이자 인간적인, 너무나 인간적인 진실이다. …… 인간의 가장 오래된 역사 역시 말해준다. 잔인함이 빠진 축제는 없다고. 그리고 형벌조차 그 고통의 이면에 어딘가 축제적인 요소를 품고 있었다고 말이다.

― II 6, KSA 5, 302쪽.

세상이 해로운 것으로 가득 차 있다고 생각할수록 우리는 '무해함'을 도덕성과 동일시한다. 우리는 아이들에게 친절하도록 교육하고, 침략을 금지하는 법을 제정하며, 해롭지 않은 사회를 만들려고 온갖 노력을 다한다. 누군가를 해치는 것은 폭력적이고, 모든 폭력은 잔인하며, 잔혹함은 야만에 속한다. 인간의 존재 자체가 지구의 생태계에 해를 끼친다는 인식이 보편화된 시대에 모두에게 해롭지 않은 사람이 되고 싶다는 마음은 문명인의 당연한 태도처럼 여겨진다. 무해함의 추구는 이 시대의 미덕이 됐다. 해로운 세상에서 타인의 삶을 방해하거나 훼손하는 대신에, 다른 사람들뿐만 아니라 식물과 동물 그리고 이 지구 전체에서 무해한 사람으로 사는 것이 도덕적 삶으로 찬양되고 있다.

　　　그러나 이 세상에 무해한 존재란 없으며, 무해한 관계도 애초에 불가능하다. 동물의 왕국에서 벌어지는 일을 보면 어떤 존재도 다른 존재에 해를 끼치지 않으면서 살아갈 수 없다. 우리가 짐승보다 더 평화롭고 안전하다고 느끼는 식물조차 생존을 위해 스스로 독을 만들어낸다. 모든 존재는 자신의 고유한 독을 가지고 있으며, 여기서 관계란 각자 자신의 독으로 서로에게 해를 끼치는 일이다. 무해함은 오직 사물의 관계에서만 가능하다. 따라서 상처받지 않는 인간관계란 다른 사람을 능동적 주체가 아니라 수동적 사물로 대할 때만 가능하다. 무해한 사람이 되고 싶다는 것은 자신이나 타인을 아무런 감정도 충동도 의지도 없는 사물로 대하겠다는 뜻이 아니라면 단지 상처받고 싶지 않다는 약한 사람의 표현일 뿐이다.

고대의 모든 축제는 가장 깊은 의미에서 잔혹함의 축제였다는 니체의 말은 도발적이고 악의적이다. 기쁨과 즐거움만 흘러넘쳐야 하는 축제에 반드시 잔혹함이 있어야 한다는 말은 우리에게 낯설게 들린다. 축제에서 폭력을 수반하지 않는 도취는 없다. 디오니소스 축제와 많은 종교 의례가 보여주는 것처럼, 의례적 희생과 신성한 폭력은 축제의 핵심 요소였다. 축제는 일상생활에서 억압된 잔혹함이 드러나고 극화되며 신성화되는 경계와 초월의 순간이었다. 여기서 잔혹함은 야만성이 아니라 질서였으며, 인간의 폭력적 공격성을 상징적으로 승화하는 의식이었다.

잔혹함의 축제가 문명의 예외가 아니라 오히려 문명의 토대였다는 인식에도 불구하고, 니체의 말은 여전히 사악하게 들린다. 다른 사람의 고통을 보는 것은 좋은 일이고, 다른 사람이 고통받게 하는 것은 더 좋은 일이다. 이 말은 매우 냉혹하게 들리지만, 인간적이고 너무나 인간적인 근본 명제다. 우리의 도덕적 직관에 반하는 이 말을 정당화하는 것은 삶의 본성이다. 삶은 근본적으로 권력에의 의지 또는 권력의지다. 권력의지는 생존에 대한 욕망 자체가 아니라 삶을 보존하고 확대하며 지배하고자 하는 욕망이다. 우리가 발전하려면 무언가를 극복하고

통제해야 한다. 이러한 자기 극복의 맥락에서 고통을 가한다는 것은 단지 쾌감을 느끼려고 남을 학대하는 병적 가학성을 의미하지 않는다. 그것은 삶의 어떤 고통스러운 비극적 드라마 속에서도 내가 상처받는 피해자가 아니라 행위자임을 선언하는 것이다.

   남에게 고통을 줄 수 있는 사람만이 실제로 도덕적으로 행동할 수 있다. 미덕은 폭력성 자체가 없는 것이 아니라 폭력성을 발휘하는 능력을 극복하는 것이다. 진정으로 선한 사람은 잔인함을 행할 수 없는 자가 아니라, 의식적인 의지로 잔인함을 억제하는 자다. 나무는 뿌리가 지옥에 닿지 않는 한 천국으로 자랄 수 없다. 도덕적 성숙은 폭력과 고통을 부정하는 것이 아니라 삶을 위해 승화시킬 것을 요구한다. 무해함은 실제로 해를 끼칠 능력이 없음을 의미한다. 상처를 받지도 주지도 않는 무해한 사람은 겉으로 도덕적인 사람처럼 보일지 모른다. 만약 그들이 내면의 폭력성과 싸워본 적이 없다면, 그들의 선함은 얼마나 깊은가? 무해한 사람이 되기보다는 오히려 자신도 남에게 해를 끼치고 고통을 줄 수 있다는 사실을 아는 사람이 되는 게 낫다. 무해함만 존재하는 세계에선 이해와 공감 자체가 불가능하다.

15 열정을 제거하는 것은 삶을 뿌리째 뽑아버리는 것이다

《우상의 황혼》

열정과 욕망을 없애려는 시도는, 본래 그것들의 어리석은 결과를 막기 위한 것이었지만, 오늘날 우리에게는 오히려 그 자체가 극단적인 어리석음처럼 보인다. 우리는 이제 치통을 없애려고 이를 뽑아버리는 치과 의사를 더는 존경하지 않는다. 한편 기독교가 뿌리내린 문화에서는 '열정의 정신화'라는 개념 자체가 거의 상상되지 않았다는 점을 인정할 필요가 있다. …… 열정을 뿌리째 제거하는 것은 곧 삶 자체를 뿌리째 뽑아버리는 것과 다르지 않다.

- 〈반자연으로서의 도덕 1〉, KSA 6, 82~83쪽.

모든 정열과 열정, 본능이 치명적이던 시대가 있었다. 정열의 희생자는 그 안에 내재한 어리석음의 무게 때문에 삶의 나락으로 떨어지곤 했다. 열정은 치명적이다. 그것은 어떤 일에 열렬한 애정을 가지고 열중하도록 하는 매력을 가지지만, 동시에 우리의 가슴속에서 통제할 수 없을 정도로 맹렬하게 일어나는 격정은 우리의 삶을 혼돈의 도가니로 몰아넣을 수 있다. 정열의 어리석음 때문에 정열 자체와 맞서 싸울 수밖에 없었다. 문명화 과정에서 사람들은 열정을 파괴하려고 도덕이란 음모를 꾸몄다. 도덕의 목표는 열정을 죽이는 것이었다.

열정이 치명적이라는 사실조차 망각한 현대인은 영혼의 평화를 최고의 선으로 생각한다. 우리가 진정 살아있다면 겪을 수밖에 없는 존재의 혼란을 치유하는 약이 바로 영혼의 평화다. 그런데 이러한 영적 고요함이 아무것도 자랄 수 없는 불모지로 변질될 때 어떤 일이 일어날까? 갈등과 혼란 없는 평온이 최고의 선이 되고, 도덕이라는 이름으로 정열과 본능이 억압될 때 우리의 삶은 어떻게 될까? 니체는 열정을 공격하는 것은 바로 삶을 공격하는 것이라고 말한다. 니체에게 정열과 본능은 두려워하거나 부정해야 할 괴물 같은 힘이 아니라 우리의 삶을 창조적으로 바꾸는 근본 에너지다. 모든 건강한 도덕에는 특정한 삶의 본능이 지배한다. 이러한 본능을 중성화하고 수동적 평온을 추구하는 도덕은 본능을 거세하고, 삶에 대한 의지 자체를 파괴한다.

영혼의 평화에는 두 가지가 있다. 그것은 동물적인 본능이 승화돼 부드럽게 발산되는 것일 수도 있고, 대립과 갈등을 포기하는 피로의 시작일 수도 있다. 그것은 무엇을 먹고 난 뒤 소화된 음식에 대한 무의식적 만족의 표현일 수도, 모든 걸 새로운 맛으로 음미할 수 있는 기대의 표현일 수도 있다. 또는 우리의 욕구가 퇴화됨에 따른 노쇠함일 수도, 우리를 지배하는 열정이 강력하게 충족된 후 나타나는 권력 감정일 수도 있다. 하나는 열정과 본능과의 대립과 갈등을 의도적으로 회피하고, 다른 하나는 열정과 본능에 적극적으로 맞서 싸운다. 우리는 어떤 영혼의 평화를 원하는가? 싸움 없는 평화인가, 아니면 싸워 얻은 평화인가?

오늘날 열정이 치명적으로 느껴지지 않는다면, 그것은 우리가 열정과 더는 투쟁하지 않는다는 징표다. 열정은 이제 위험하지 않다. 위험하지 않은 열정은 우리에게 어떤 해도 끼치지 않는다. 이러한 상태는 열정과의 전쟁에서 이미 도덕이 승리했음을 의미한다. 과거에 도덕은 정열과 본능에 전쟁을 선포했다. 전쟁의 수단은 두 가지였다. 하나는 정열과 본능에 내재한 어리석음의 부정적 결과를 예방한다는 이유로 정열과 본능 자체를 파괴하는 것이었다. 정열과 본능에 대한 치료 수단은 바로 그것의 거세였다. 치아의 통증을 없애려고 치아를 뽑아버리듯 우리는 열정 자체를 없애버리면 그 해악을 예방할 수 있다고 믿었다. 여기서 정열과 본능은 사악한 것이기 때문에 그것을 뿌리째 뽑아버리는 것이 선에 이르는 길이었다.

열정과 정열과 맞서 싸우는 두 번째 방법은 그것의 정신화다. 감성과 관능의 정신화는 사랑이라고 불린다. 정열이 정신화되면, 정열은 그 예리함을 상실한다. 정열은 무뎌져서 더는 치명적이지 않다. 영적 고요와 평온을 추구하는 온갖 명상 수련을 생각해보라. 과거의 선승들은 혹독한 수련과 육체적 고행 그리고 정신적 시련을 겪었지만, 오늘날 선불교적 명상은 심호흡과 불안 감소 그리고 마음 챙김을 위한 치유의 수단으로 변했다. 정열의 정신화는 이렇게 정열 자체를 우회해 싸우지 않고 평화를 얻으려 한다.

싸움의 포기는 위대한 삶의 포기다. 갈등과 대립을 전제하지 않는 영혼의 평화는 약함과 퇴폐의 표현이다. 정열과 본능이 거세된 정신은 아무것도 생산하지 못한다. 그것은 궁극적으로 삶에 적대적이다. 우리는 건강한 삶을 살려면 본능과 정열을 되찾아야 한다. 새로운 삶은 평화보다 대립이 더 필요하다. 영혼은 많은 대립과 부딪히는 대가를 치러야만 젊음을 유지한다. 정열의 힘이 소진되지 않도록 하는 것이 삶에 훨씬 이득이다.

16 격렬한 충동에 맞설 다른 충동을 발견하라 《아침놀》

　　우리는 어떤 충동의 격렬함에 대해 불평하고 있다고 생각하지만, 근본적으로는 한 충동이 다른 충동에 대해 불평하고 있는 것일 뿐이다. 즉, 우리가 어떤 충동의 격렬함 때문에 고통받고 있다는 사실을 인지하는 것은, 이 충동과 똑같이 격렬하거나 훨씬 더 격렬한 다른 충동이 존재한다는 사실과 우리의 지성이 어느 쪽이든 편을 들어야만 하는 투쟁이 임박해 있다는 사실을 전제한다.

− Ⅱ 109, KSA 3, 98~99쪽.

우리의 삶을 지배하는 상투적인 편견이 있다. "충동을 억제하지 못하면 성공하지 못한다." 불쑥불쑥 찾아오는 충동과 격정을 맞닥뜨릴 때마다 이 생각을 하지 않는 사람은 별로 없다. 충동과 격정을 절제하지 못하면 커다란 잘못을 저지르는 것 같은 죄책감이 들기도 한다. 신문에는 언제나 다른 사람들이 놀 때 온갖 충동을 자제하고 공부 로봇으로 살아 꿈 같은 직장을 가진 성공한 사람들의 이야기가 등장한다. 사람들에게 충동을 자제하라고 유혹하는 이야기에는 언제나 반전이 있다. 공부가 정말 싫었어도 기계처럼 공부했고, 막상 성취한 삶은 자신이 꿈꾼 인생이 아니어서 꿈의 직장을 그만두고 다른 길을 도전하는 사람의 이야기에 사람들은 더욱 주눅이 든다. 좋아하는 길을 찾았으니 일단 가봐야 한다는 말에는 또 다른 충동이 엿보인다.

그는 도대체 충동을 어떻게 억제할 수 있었던 것인가? 충동을 억제하고 쟁취한 성공적인 삶을 뒤로하고 또 다른 충동을 좇는 사람의 이야기는 우리에게 충동의 비밀을 살짝 보여준다. 충동을 억제하고 극복하는 것이 아니라 충동을 자신의 목적을 위해 이용할 줄 아는 것이 핵심이다. 이제까지 인간을 이성적 존재로 파악하는 전통은 충동을 윤리적 삶에 대한 혼란스러운 위협으로 간주했다. 비이성적인 충동과 절제되지 않은 격정은 이성과 질서를 위해 통제되거나 억압되거나 제거돼야 한다. 니체에 의하면 이성은 충동의 주인이 아니라 충동 자체가 만들어낸 도구다. 따라서 충동을 부정하거나 소멸시키는 것이 아니라 삶을 긍정하는 목표를 위해 활용하고 재구성해야 한다.

    니체는 격렬한 충동을 극복하는 여섯 가지 방법을 제시한다. 첫째는 충동을 만족시킬 기회를 회피하는 것이다. 충동이 일어날 기회를 줄임으로써 충동을 약화하는 방법이다. 이를 추구하는 사람들은 대체로 외부로부터의 모든 자극을 끊는다. 보지 않고 듣지 않으면 욕망도 생기지 않는다. 둘째는 충동을 충족시키는 과정에 규칙을 부여하는 방법이다. 텔레비전 보는 시간을 정해놓고 노는 시간을 제한하는 등 충동을 수용하되 그 충족을 까다롭게 만드는 것이다. 충동의 유혹을 이기지 못해 규칙을 깨거나, 규칙을 더 강화해 그 기회를 아예 없앨 수도 있다. 셋째는 충동에 대한 포만감과 역겨움을 만들어내는 것이다. 충동을 끝까지 좇음으로써 충동 자체가 싫어지게 만드는 이 방법은 너무나 극단적이어서 삶이 망가질 수 있다. 넷째는 충동과 고통스러운 생각을 연결해 충동을 생각하는 것조차 고통스럽게 만드는 방법이다. 성적 욕망이 들 때마다 죄의식을 느끼거나 부정한 생각을 할 때마다 지옥의 형벌을 생각하는 이 방법은 충동 자체를 부정적인 것으로 만든다. 다섯째는 충동의 방향을 전환하는 것이다. 예컨대 성적 욕망이 강렬할 때 더 격렬한 운동을 함으로써 충동의 힘을 분산할 수 있다. 여섯째는 육체와 정신의 전체 힘이 약화하거나 소진돼 충동 자체가 일어나지 않는 것이다. 고행을 통해 충동을 억제하는 것은 자신의 지성도 종종 약화시킨다.

어떻게 충동을 억제하든 중요한 것은 충동을 극복하려면 다른 충동이 필요하다는 점이다. 우리는 충동을 극복하고자 하지만, 그 의지는 우리의 통제 밖에 있다. 우리가 의지만 있어도 통제할 수 있는 것이라면 충동은 이미 충동이 아니다. 우리가 어떤 충동으로 심각하게 고통받고 있다면, 그것은 우리의 내면에 다른 충동이 발생해 서로 충돌하고 투쟁하고 있다는 징후다. 이성과 충동이 갈등하는 것이 아니다. 우리의 내면에는 다양한 충동이 서로 갈등하고 싸운다. 우리가 이성이라 부르는 것은 종종 더 세련되고 사회적으로 용인된 충동일 뿐이다.

충동을 억제하려면 우리는 이를 이길 수 있는 다른 충동을 찾아야 한다. 억압된 충동은 사라지지 않고 내면으로 향하기 때문이다. 충동을 고귀하게 절제하는 것은 그것을 죽이는 것이 아니라 변형하는 것이다. 우리는 충동을 두려워하지 말고 충동의 주인이 돼야 한다.

17 | 고통을 감소시키면
기쁨에 대한 능력도
감소시킨다

《즐거운 학문》

오늘날에도 그대들은 선택권이 있다. 하나는 가능한 한 적은 불쾌, 즉 고통이 없는 상태를 취하는 것이고, 다른 하나는 지금까지 경험하지 못한 더 정교하고 깊은 기쁨을 얻는 대신 그만큼 더 큰 불쾌를 감수하는 것이다! 전자를 선택해 인간의 고통을 줄이고 없애려 한다면, 그대들은 기쁨에 대한 능력도 줄이고 없애야 한다.

- I 12, KSA 3, 383~384쪽.

현대인은 고통이 불편해서 점점 더 불편함에 맞서 삶을 설계한다. 온도 조절이 가능한 방부터 훈육이 없는 교육, 즉 각적인 만족과 개인에 최적화된 알고리즘 기반 엔터테인먼트에 이르기까지 우리는 사소한 고통으로부터 우리를 보호하는 장치들에 둘러싸여 있다. 어떤 고통도 주고받아서는 안 되고 조그만 불편도 있어서는 안 된다는 듯이, 현대사회는 공리주의를 중심으로 돌아간다. 공리주의는 인간에게 최대의 쾌락과 최소의 불쾌를 주는 것을 목표로 한다.

사람들이 일반적으로 쾌락을 추구하고 고통을 회피하는 것은 사실이다. 학생들은 대부분 완전히 충동에 맡겨진다면, 혼자 몇 시간 동안 앉아 자료를 암기하고 어려운 문제를 푸는 것보다는 영화를 보거나 게임을 하거나 사교 활동을 하는 쪽을 선택할 것이다. 시험 보기 전날 밤에 벼락치기 공부를 할 수도 있지만, 외부적인 목표와 필요가 강요하지 않는다면 우리는 일반적으로 스트레스와 불편함을 선택하지 않는다. 불편함보다 편안함을 선택하는 건 종종 도덕적 판단보다 인간의 기본적인 심리적 경향이다.

그러나 이러한 심리적 사실을 도덕적 명령으로 바꾼다면 어떤 일이 일어날까? 사람들이 일반적으로 고통을 피한다는 이유로 모든 고통을 최소화해야 하고, 쾌락을 추구한다는 이유로 모든 쾌락의 극대화를 행위의 목표와 원칙으로 설정한 사회는 어떤 모습일까? 그러한 공리주의의 결과는 쾌락주의적 허무주의다. 고통을 줄이고 쾌락을 늘리는 공리주의가 표면적으로는 인도주의적으로 보이지만, 더 고차원적인 삶의 필수적인 요소인 고통과 투쟁의 가치를 부정하는 은밀한 허무주의적 쾌락주의로 변질된다. 고통의 감소와 회피를 목표로 삼는 마지막 인간은 낮에는 낮대로, 밤에는 밤대로 소소한 쾌락을 즐기는 쾌락주의자다.

공리주의자에게는 결과가 중요하다. 공리주의는 모든 행위의 결과가 옳고 그름의 유일한 기준이라고 주장하는 결과주의다. 우리가 어떤 결과를 얻으려면 과정을 거쳐야 한다. 그 과정은 기쁨을 수반할 수도, 고통스러울 수도 있다. 맛있는 음식에 길든 현대인은 어쩌면 맛을 느끼는 능력을 상실하고 있는지도 모른다. 단맛과 짠맛 그리고 인공적인 자극으로 가득 채울수록 우리의 미각은 더욱 둔해진다. 단식의 고통을 경험한 사람만이 소박한 식사를 온전히 즐길 수 있다. 몸을 만드는 신체 훈련도 마찬가지다. 힘과 균형, 민첩함의 즐거움은 노력과 근육통 그리고 규율의 고통을 통해서만 느낄 수 있다. 감정적인 기쁨조차 고통이라는 배경이 필요하다. 이별이 고통스러울 때 재회의 기쁨은 더욱 크고, 실패가 고통스러울 때 성공은 더욱 의미 있는 기쁨이 된다.

공리주의적 쾌락주의는 과정을 배제한 채 결과만 중시한다. 과정 없는 결과는 사실 결과가 아니다. 그것은 순간적인 상태일 뿐이다. 사람이 목표를 상실하면 순간의 상태에만 매달린다. 우리가 지금의 고통을 참아내는 것은 그 결과로 더 높은 수준의 존재가 되고 더 충만한 기쁨을 느낄 수 있기 때문이다. 목적을 가지고 견뎌낼 때 고통은 충만한 기쁨을 만들어낸다. 고통으로 순간의 쾌락을 느끼려는 마조히스트가 아니라면, 우리는 고통 자체를 미화할 필요는 없다. 우리가 존중하고 회복하려는 것은 더 높은 무언가를 추구하며 고통을 견뎌내는 능력이다.

사실 쾌락과 불쾌는 하나의 끈으로 묶여있다. 현대의 신경 과학이 밝힌 것처럼 고통과 쾌락은 신경 경로를 공유한다. 둘 다 뇌의 보상 중추를 활성화한다. 고난을 겪는 사람들은 그 고난을 극복했을 때 더욱 강력한 행복을 경험한다. 외상 후 성장은 심각한 역경을 견뎌낸 후 사람들이 더 큰 회복 탄력성을 보여준다는 것을 의미한다. 불편함을 극복하는 것은 통제력과 진정성을 제공한다. 진정한 쾌락은 고통의 부재가 아니라 변화다. 그렇기 때문에 고통을 회피하고 감소시키는 것은 인간의 기쁨의 능력도 감소시킨다.

18 | 인식과 진리를 원하면 충동 속에서 살아라

《유고(1881년 봄~가을)》

우리가 추구하는 진지함은, 모든 것을 '생성 중인 것'으로 이해하고, 고정된 개체로서의 자신을 넘어서며, 가능한 한 많은 시선을 통해 세상을 바라보려는 데 있다. 우리는 충동과 활동 속에서 살아가며, 그 안에서 깨어 있고, 때로는 삶 자체에 자신을 맡겼다가, 다시 삶을 한 걸음 떨어져 응시하며 잠시 머무르기도 한다. 이러한 태도는 인식의 기반으로서 충동을 환영하면서도, 충동이 언제 어디서 인식의 적이 되는지를 분별할 줄 안다. 요컨대 지식과 진리가 어느 정도까지 체화될 수 있는지 기다리는 것이다.

— KSA 9, 11(141), 494~495쪽.

　　　　세계를 이해하려면 방황하고, 인식하려는 자는 충동을 따르며, 진리를 추구하면 의심하라! 지식과 인식이 지배하는 과학의 시대에 이보다 더 악의적인 말도 없을 것이다. 신화의 시대에서 종교의 시대를 거쳐 과학의 시대로 넘어갈 때 우리는 지식이 증대하면 신앙의 역할은 줄어들 것이라고 착각했다. 인식하는 사람은 믿지 않고, 믿는 사람은 인식하지 않는다. 그러나 오늘날 지식에 대한 접근성이 극적으로 증가했음에도 불구하고 지식의 권위는 약화됐고, 이념과 정체성에 대한 주관적 믿음의 영향력은 점점 더 강화되고 있다. 인식하는 자는 믿는 자와 다를 바 없게 됐다.

　　　　믿음의 정도가 인식을 결정하는 것처럼 보이는 오늘날 인식이란 도대체 무엇을 의미하는가? 삶의 관점에서 보면 엄청나게 오랜 시간에 걸쳐 지성은 오류 외에는 만들어낸 것이 없다. 어떤 오류는 우리의 삶에 유익하고, 어떤 오류는 삶에 치명적일 수 있다. 한때 유익했던 인간의 오류가 세대를 거쳐 계승되면서 오히려 삶에 해로운 결과를 초래하는 경우가 있다. 인식한다는 것은 무엇인가? 생존이 문제였던 시대에 어떤 식물이 식용 가능한지, 어떤 식물에 독이 있는지를 아는 것은 중요했다. 위험한 동물과 관련해 동일한 것을 충분히 제대로 발견할 줄 모르는 사람은 모든 유사한 것에서 즉시 동일성을 찾아내는 사람보다 생존의 가능성이 훨씬 적었을 것이다. 모든 것을 동등하게 보고 동등한 것으로 만드는 경향에서 논리가 태어났다.

사실 무한한 우주 속에서 모든 것이 동일하다고 보는 것만큼 비합리적인 생각도 없다. 똑같은 사람인데도 사람들은 얼마나 다른가? 그런데도 사람들을 예측할 수 있게 만들려면 동일한 특성을 가진 인간으로 생각해야 한다. 동일성은 논리적 사고에서는 필수 불가결한 원칙이다. 이처럼 생존의 필요로 탄생한 논리적 원칙이 끊임없이 계승돼 이제는 이성이라는 인간의 본성이 됐다. 이성적인 사람은 논리적으로 사고해야 한다. 논리적으로 사고하려면 차이는 제거하고 동일성만 지향해야 한다.

이러한 과정에서 수많은 오류가 생겨났다. 변화하지 않는 지속적 실체가 존재하고, 인간의 자아처럼 '물자체'가 존재하며, 나타나는 현상 뒤에는 언제나 숨겨진 본질이 있고, 내게 선한 것은 그 자체로 본래 선하다는 믿음이 확고부동한 지식으로 굳어졌다. 이러한 오류의 밑바탕에는 세계를 흐름 속에 있는 '생성' 과정으로 보기보다, 영원히 변하지 않는 '존재'로 보는 근본적인 경향이 지배한다. 판단을 보류하기보다 차라리 긍정하고, 끝까지 기다리기보다 차라리 잘못을 저지르며, 부인하기보다 차라리 동의하고, 정의롭기보다 차라리 결정을 내리는 경향이 압도적으로 우세하지 않았다면, 생명체는 쉽게 보존되지 못했을 것이다.

우리가 삶을 진지하게 생각한다면, 우리는 삶이 변하지 않는 존재가 아니라 끊임없이 변화하는 생성 과정임을 인정해야 한다. 생성의 관점에서 보면 모든 인식은 오류다. 이런저런 것을 시험하고 삶에 유익한 오류를 결정하는 것이 중요하다. 이러한 오류의 결과가 인류의 긴 역사를 통해 하나의 진리로 굳어진 지금, 우리는 오류의 의미와 중요성을 망각했다. 인식의 힘은 진리에 관한 인식의 정도, 즉 객관성의 정도에 있지 않다. 진정한 인식의 힘은 그것의 오래된 연륜과 그것을 자기 것으로 만든 체화의 정도에 달려있다.

인식을 진정으로 삶의 일부분으로 만들려면, 우리는 오류를 두려워하지 말아야 한다. 모든 것이 변화한다는 사실을 인식의 출발점으로 삼아야 한다. 세상을 다양한 눈으로 보려면, 우리는 늘 동일한 것만 바라보는 논리보다는 충동 속에서 살아야 한다. 충동은 차이를 민감하게 받아들이는 계기다. 충동은 틀에 박힌 관습적 삶으로부터의 이탈이다. 그러려면 우리는 삶을 계획하고 관리하기보다 때로는 삶이 흘러가는 대로 자신을 맡길 줄 알아야 한다.

19 자신을 두려워하지 않는 자는 누구에게도 두려움을 주지 못한다

《즐거운 학문》

　　　　나는 누구를 따르는 것도, 누구를 이끄는 것도 좋아하지 않는다. 복종하길 원하지도 않고, 지배하고 싶지도 않다. 자신을 두려워하지 않는 자는 누구에게도 두려움을 주지 못한다. 그리고 오직 두려움을 주는 자만이 타인을 이끌 수 있다. 하지만 나는 나 자신을 이끄는 것조차 내키지 않는다. 내가 진정 좋아하는 것은 산과 바다의 동물들처럼 한동안 나 자신을 잊고, 조용하고 아름다운 옆길로 빠져들어 생각에 잠기는 것이다.

- 〈농담, 간계 그리고 복수 33〉, KSA 3, 360쪽.

권력자는 종종 외롭다고 한다. 주위에는 잘 보이려고 알랑거리는 아첨꾼들이 득시글거리고 명령만 내리면 즉각 수행하는 순종하는 무리 속에서, 권력자는 누구와도 쉽게 소통하지 못한다. 마키아벨리는 현명한 군주라면 신민의 결속과 충성을 유지하려 할 때 잔인하다는 비난을 걱정해서는 안 된다고 말한다. 공포와 두려움은 리더십의 본질에 속한다. 신하에게 사랑을 느끼게 하고 두려움도 느끼게 하는 것이 제일 바람직하지만, 동시에 둘 다 얻는 것은 어렵기 때문에 지도자는 사랑을 느끼게 하는 것보다 두려움을 느끼게 하는 것이 훨씬 더 안전하다. 두려움을 느끼게 만드는 자만이 다른 사람을 이끌 수 있다. 다른 사람을 이끄는 지도자가 외로운 것은 당연하다. 어쩌면 권력자라서 외로운 것이 아니라 고독이, 아니 고독을 견뎌내는 능력이 권력자를 만드는 것인지도 모른다.

　　　　　우리의 삶은 명령과 순종의 연속이다. 명령과 순종은 단지 정치적이고 사회적인 현상이 아니다. 명령과 순종은 우리의 실존적 구조다. 그것은 개인과 개인 사이에서만 일어나는 것이 아니라 개인의 내부에서 언제나 일어나는 권력 현상이다. 니체는 살아있는 것을 발견할 때마다 순종의 현상을 발견한다고 말한다. 살아있는 모든 것은 순종하는 자다. 우리는 누구에게 무엇 때문에 어떻게 순종하는가? 독일 속담에 "들으려 하지 않는 사람은 느껴야 한다."라는 말이 있다. 이성적인 경고나 조언을 무시하는 사람은 자신의 행동에 따른 결과에 직면해야 한다는 뜻이다. 무지나 불순종은 문제를 일으킬 수 있다. 우리는 올바른 삶을 위해 이성의 명령에 따라야 한다. 이성적이지 않은 사람은 결국 외부의 힘과 명령에 따라 이성으로 인도돼야 한다. 삶은 이렇게 이성이든 자연법칙이든 무엇인가에 순종하는 것이다.

고귀한 영혼은 자신의 내면에서 명령하고 복종할 수 있는 존재다. 내면의 위계질서를 파악하려면 우선 외부 사회에서 일어나는 현상을 바라볼 필요가 있다. 우리는 어떤 사람에게 순종하는가? 어떤 사람이 다른 사람에게 명령을 내릴 수 있는가? 사랑보다는 두려움을 주는 자가 명령할 수 있다. 우리가 은혜와 사랑을 베풀 때 사람들은 우리에게 충성을 다하는 것처럼 보인다. 충성이 이익을 가져다주기 때문이다. 정작 충성과 순종이 필요한 위기의 상황에서 사람들은 등을 돌린다. 이 경우에도 순종하도록 만드는 건 오직 두려움뿐이다.

두려움을 주는 자만이 명령할 수 있다면, 우리의 내면에서 명령하는 것도 뭔가 두려움을 주는 것이다. 우리는 자신의 내면에서 무엇을 두려워하는가? 인간의 내면에는 쉽게 알 수 없고 통제할 수 없는 어두운 힘이 있다. 이 힘 때문에 인간은 대체로 변덕스럽고 위선적인 데다가 기만에 능한 존재로 인식된다. 인간이 언제나 한결같다면, 우리는 어떤 명령도 규칙도 필요 없을 것이다. 인간이란 오늘 약속한 것을 내일 저버릴 수 있는 존재다. 인간을 약속할 수 있는 동물로 만들려면 규칙과 명령이 필요하다. 명령은 규칙을 부과하는 것이다. 우리가 그것을 따라 살아갈 수 있는 자신만의 법칙을 제정하는 것이다. 우리는 살기 위해서 입법자가 돼야 하고, 동시에 그렇게 만들어진 법칙이 삶에 기여하는지를 평가할 자신의 율법에 대한 재판관이 돼야 한다. 그래서 명령하기가 순종하기보다 어렵다.

우리가 살아가려면 삶을 이끌 법칙이 있어야 한다. 명령은 단순히 강자가 약자를 지배하는 것이 아니다. 그것은 자신에게 법을 부과하고 그 법칙에 충실할 능력이다. 자신에게 법을 부과하고 명령하려면, 우리는 자신을 두려워할 줄 알아야 한다. 자기 자신을 두려워한다는 것은 자신이 끊임없이 변화하고 변덕스러움을 인정하는 것이다. 자신의 영혼 속에는 수많은 충동을 불러일으키는 어두운 심연이 있음을 인정하는 것이다. 이런 어두운 충동에 맞설 줄 모르는 사람은 자신을 두려워하지 않고 언제나 안락함에 순종하는 본능의 노예로 남는다. 이런 사람은 누구에게도 두려움을 주지 못한다. 다른 사람에게 경외심을 불러일으키는 사람은 자신을 두려워한다. 고독은 우리를 두려움의 심연으로 안내한다.

20 | 창조만이 고통으로부터의 위대한 구원이다

《차라투스트라는 이렇게 말했다》

창조하는 것, 이것이야말로 고통으로부터의 위대한 구원이며 삶을 가볍게 만드는 것이다. 하지만 창조하는 자가 있으려면 고통과 많은 변신이 필요하다. 그렇다. 창조하는 자들이여, 그대들의 삶에는 수많은 쓰라린 죽음이 있어야 한다! 그리하여 그대들은 그 모든 덧없음의 대변인이, 옹호자가 돼야 한다.

― II 2, 〈행복의 섬에서〉, KSA 4, 110쪽.

견딜 수 없는 고통을 겪을 때 사람들은 신을 찾는다. 어떤 신이기에 이처럼 가혹한 고통을 안기는지 알 수 없어도, 고통을 만든 자는 고통을 없앨 수도 있을 거라 믿는다. 신은 가장 사랑하는 사람에게 가장 커다란 고통을 준다는 말은 위로가 되기는커녕 우리의 마지막 힘마저 빼앗을 정도로 잔인하다. 그렇다. 우리가 스스로 신이 되지 않고서는 자신을 고통으로부터 구원할 수 없다.

우리는 신이 전지전능하고 완전무결해서 신을 찾는 게 아니다. 모든 곧은 것을 구부리고 서있는 모든 것을 비틀거리게 하는 신은 시간마저 지워버리고, 덧없고 무상한 모든 것을 한갓 거짓으로 만든다. 신은 하나인 것, 완전무결한 것, 움직이지 않는 것, 충만한 것, 변하지 않는 것에 대한 우리의 믿음이다. 우리가 겪는 고통은 이 허구만큼 사악하고 적대적인 것도 없다는 사실을 말해준다. 이 모든 것이 언젠가는 끝날 것이라고 희망하려면, 우리는 결국 삶의 덧없음을 찬양하고 정당화해야 한다.

신이 인간이 창조한 가장 위대한 허구라는 사실이 밝혀졌어도 여전히 신만이 우리를 구원한다. 우리는 아직도 신을 창조할 수 있는가? 그렇지 않다면 신의 죽음에 대해서 침묵하라. 신을 창조한다는 것은 신적인 능력인 '창조'를 회복한다는 걸 의미한다. 무언가를 창조한다는 것은 만물을 인간이 생각할 수 있는 것, 인간이 볼 수 있는 것, 인간이 느낄 수 있는 것으로 변화시키는 일이다. "이것은 삶이 아니야!"라고 절규하는 고통을 겪는다면, 우리는 우리가 '삶'이라고 부르는 것을 스스로 창조해야 한다. 창조할 수 없다면 적어도 창조의 의욕은 있어야 한다.

현대의 심리 치료는 경험적 연구와 실천을 통해 창조 행위가 고통으로부터의 구원이 될 수 있다는 니체의 통찰을 확증한다. 미술 치료에서 트라우마 생존자들은 말로 표현되지 않거나 표현할 수 없는 고통을 외면화하는 방법을 종종 찾는다. 학대를 겪은 아이는 단절되거나 잊히지 않는 이미지를 만들어내 고통이 몸에서 빠져나와 형태를 갖추도록 할 수 있다. 이러한 과정은 고통을 없애는 것이 아니라, 고통을 이해할 수 있게 만든다. 음악 치료에서는 슬픔이나 분노, 그리움 같은 감정이 멜로디와 리듬을 통해 표출되도록 한다. 이러한 연습은 핵심적인 진실을 드러낸다. 창조는 고통을 회피함으로써 줄이는 것이 아니라, 고통을 자아 속으로 통합함으로써 줄인다. 창조는 주체성을 회복한다. 우리는 창조 행위를 통해 비참함의 수동적인 수용자가 아니라 능동적인 해석자가 된다.

1943년 아우슈비츠 강제수용소로 추방돼 살해된 네덜란드계 유대인 작가 에티 힐레섬Etty Hillesum은 이렇게 말한다. "신이시여, 내 힘이 약해지는 것을 막으시도록 당신을 도우려 노력하겠습니다. 한 가지가 점점 더 분명해지고 있습니다. 당신은 우리를 도울 수 없고, 우리가 스스로를 도우려고 당신을 도와야 한다는 것입니다. 결국 우리는 사랑을 통해서만 우리 자신을 구원할 수 있습니다." 여기서 우리는 사랑의 자리에 창조를 둬야 한다.

세상이 고통으로 가득한 것처럼 보일 때 스스로 신이 돼 무언가를 창조해보라. 자신의 고통을 글로 써보거나 동네의 낡아가는 건물들을 사진에 담아보라. 그것은 출판과 판매를 위해서가 아니라 자신의 실존을 위한 창조 행위다. 정원을 가꾸는 일에 몰두하다 보면 싹이 나고 잎이 자라며 열매를 맺는 과정에서 고통과 상실이 변신하는 것을 느낀다. 어떤 경우든 고통은 완전히 사라지지 않지만 이런 변화를 통해 구원받는다. 고통이 형태도 이름도 없고 일관성도 없을 때, 우리는 가장 큰 고통을 겪는다. 창조의 과정은 우리가 삶을 통제할 수 없다고 느낄 때조차 통제력과 일관성을 되찾게 한다. 내면의 혼돈을 외부로 표출하고 고통의 사건에 대해 거리를 둘 때, 우리는 결국 고통을 포함한 이 세상을 긍정하게 된다. 고통이 없다면 우리는 결코 삶을 창조하는 예술가가 되지 못한다.

III.

나 자신의 회복을 위한 10개의 고독한 말

21 | 자신을 잃는 법을 터득하라

《인간적인 너무나 인간적인 II》

자신을 상실한다는 것. 비로소 자기 자신을 찾았을 때, 사람은 때때로 자신을 잃는 법을 알아야 하며, 그런 다음 다시 찾는 법을 알아야 한다.

- 〈방랑자와 그의 그림자〉, 306, KSA 2, 689쪽.

　　　　사람은 발견만 하면 된다는 듯이 자아를 찾는다. 내가 찾아야 할 진정한 나는 도대체 어디 있는가? 고정되고 변하지 않는 실체로서의 자아는 존재하지 않는다. 어릴 적 사진에서 오늘의 모습에 이르기까지 다양한 내 이미지를 연결하는 자아는 없다. 변화무쌍한 삶 속에서 변하지 않는 자아는 없다. 변하지 않는 자기 모습에 집착하는 것은 삶을 해치는 나르시시즘이다.
　　　　자기를 버려야 진정한 자기 모습을 본다. 젊은 시절부터 유지돼온 부드러운 성격으로는 급속히 변하는 거친 세상에서 살기 어렵다. 세상이 변하면 자신도 변해야 한다. 단순히 변화된 세상에 적응해야 하기 때문이 아니라 자신이 극복해야 할 대상이 바뀌기 때문이다. 사람이 변했다는 세상 사람들의 말에 자책할 필요 없다. 변화한 내 모습이 내가 아니라고 감히 주장할 근거는 없다. 본래의 자아를 상실했다는 불안에 변화를 두려워할 필요는 더더구나 없다. 하나의 인격에 묶여있는 것이 오히려 삶에 해롭다.
　　　　자기 상실은 결코 허무주의적 혼돈이 아니다. 변하지 않는 자아에 대한 믿음은 사회적 관습, 종교적 교리, 전승된 도덕적 가치와 밀접하게 연관돼 있다. 고정된 자아는 안정적이고 지속적이며 필수적인 것으로 여겨진다. 사람들은 종종 자신의 변화하고 진화하는 본성보다는 외부의 기대에 따라 자신을 정의한다. 내가 원하는 '나'와 타인이 바라보는 '나' 사이는 언제나 쉽게 좁힐 수 없는 격차가 있다. '갈등하는 둘 중 누가 진정한 나인가?'라는 것처럼 쓸모없고 어리석은 질문도 없다. 둘 다 아니기 때문이다. 고정된 정체성에 집착하는 것은 자신에게 인위적인 제약을 가하는 것으로 개인의 성장을 제한한다.

  자아는 역동적으로 발전하는 과정에서 만들어지는 것이다. 굳이 비유적으로 표현하자면, 자아는 고체가 아니라 액체다. 새로운 자아를 창조하려면 기존의 자아는 잃어야 한다. 다른 사람이 내게 덧씌운 것이든 내가 스스로 옭아맨 것이든 고정된 자아에서 벗어나야 한다. 중세 도시의 미로에서 헤맨 경험이 있는 사람은 그 도시를 알려면 일단 떠나야 한다는 사실을 잘 안다. 거리를 떠났을 때 비로소 우리는 그 거리의 탑들이 집 위에 얼마나 높이 솟아있는지를 볼 것이다. 우리가 인식하고 발견하려고 한 것과 결별해야 그것이 비로소 우리의 눈에 들어온다.

  자신을 상실할 줄 알아야 자신을 발견한다. 본래의 자기라고 생각하는 다른 사람이 되고 싶은가? 그렇다면 이제까지 자신을 지배한 습관적 사고와 행동, 세계의 이해 방식에서 벗어나야 한다. 이 과정을 통해 예전의 신념을 파괴하고 새로운 관점을 형성할 수 있다. 자기 자신을 잃는 것을 거부하는 사람들은 경직되고 생명이 없어지며 현재의 한계를 넘어 성장할 수 없다. 다른 사람이 되겠다고 하면서 기존 삶의 방식을 고수하는 것은 모순이다. 건강한 몸매는 바라면서 나쁜 식습관은 고치지 않는 것과 같다.

자신을 상실할 줄 아는 사람은 권력의지가 충만한 사람이다. 그는 기존의 관점과 정체성에 얽매이지 않고 끊임없이 자신을 넘어서고자 한다. 자신을 넘어서고자 하는 자는 결코 현재에 안주하지 않는다. 그는 자신의 자아에 도전하고, 가장 깊은 믿음에 의문을 제기하며, 익숙한 사고방식에서 벗어난다. 그는 인간이 건너가는 존재이며 몰락하는 존재라는 사실을 받아들여 기꺼이 자신에 도전한다. 자신을 잃는 것은 미지의 것을 받아들이고, 용기와 호기심으로 불확실성에 도전하는 것이다.

사람들은 자아를 찾을 때는 자신을 너무 가까운 거리에서 바라보는데, 타인을 볼 때는 너무 먼 거리에서 윤곽만을 어렴풋이 바라본다. 타인은 지나치게 개략적으로 판단하고, 자기 자신은 사소한 것까지도 지나치게 꼼꼼하게 따져본다. 이제는 자신을 멀리서 바라보자. 어떤 자아를 버리고 어떤 자아를 다시 발견할 것인지를 알려면 이제까지의 자아와 결별해야 한다.

22 | 자신을 존중하는 것으로 시작하라

《권력에의 의지》

　　나는 사람이 무엇보다 자기 자신을 존중하는 것에서 출발하길 바란다. 다른 모든 것은 그 뒤를 따르게 돼 있다. 물론 그렇게 되면, 사람은 결국 타인과의 관계에서 멀어진다. 왜냐하면 자기 자신을 진정으로 존중하는 태도야말로 다른 이들이 가장 받아들이기 어려워하는 것이기 때문이다. "뭐라고? 자기 자신을 존중한다고?" 그들은 이렇게 말하며 의심하고 불편해한다.

－ 919, 757쪽.

어떤 사람이나 존재를 몹시 아끼고 귀중히 여기는 마음인 사랑은 언제나 타인을 전제한다. 부부는 서로를 사랑하고, 부모는 자식을 사랑한다. 사랑에는 반드시 이웃과 타인이 있어야 한다. 타인을 있는 그대로 받아들이고 인정하는 사랑은 일방적이라고 말하지만, 사랑은 사실 평등을 추구한다. 내가 타인을 사랑하는 만큼 타인도 나를 사랑하기를 바란다. 내가 네게 하듯, 너도 내게 해야 한다. 설령 현실 속의 개인들 사이에는 동등한 사랑이 존재하지 않더라도, 사랑에는 이런 호혜성의 원칙이 깔려있다.

'자기애'는 내가 사랑해야 할 대상에 타인이 아닌 나를 놓는다. 내가 사랑하는 타인은 언제나 나에 대해 다르게 행동하지만, 자기애에는 호응하고 거부하며 저항하는 타인이 없다. 자기애는 자신에게서 보고 싶은 것만을 보고 그것을 소중하게 생각한다. 자기애는 자신에 대한 수동적이거나 감상적인 애착이다. 자기애는 종종 자기 연민으로 바뀐다. 자신의 가치에 대한 맹목적인 애착은 자기 연민과 얽혀서 자신의 약점을 극복하기보다 오히려 정당화한다. 본래의 자기를 원하는 대신 "그래, 이게 바로 나야!"라고 말하면서 현재의 자신에 안주한다.

사람들은 자기애와 자존감을 혼동한다. 자신을 사랑

한다고 자기를 존중하는 것은 아니다. 자존감은 자신의 힘을 믿음으로써 자신에게 긍지를 가지는 마음이다. 자기애가 단순한 집착의 감정이라면, 자기 존중은 힘의 문제다. 누군가 유능한 어린 소년에게 "너는 사랑하는 자가 되고 싶은가?"라고 묻는다면, 그는 어리둥절할 것이다. 하지만 "너는 강한 사람이 되고 싶은가?"라고 물으면, 그는 두 눈을 크게 뜰 것이다. 사람은 어떻게 강해지는가? 이 물음은 자존감과 깊은 연관이 있다. 강해지려면 사람은 자기 자신을 존중하는 것으로 시작해야 한다.

자존감은 자신의 힘을 인정하고 주장하는 데 뿌리를 두고 있다. 자신의 힘이 어느 정도인지 끊임없이 시험하고 실험하는 사람은 자존감이 높다. 자존감이 높은 사람은 자신의 힘을 견줄 타인이 필요하고 타인을 두려워하지 않는다. 그는 자신의 잠재력을 높이고 가치를 재평가한다. 그는 자신의 한계에 도전하고 저항을 통해 더 강해짐으로써 자신을 존중한다. 자존감은 단순히 자신의 가치에 대한 내면화된 믿음이 아니라 자신의 힘과 잠재력에 대한 적극적인 참여다.

자기애가 타인에게 향하던 관심과 에너지를 자신으로 돌린 자기중심적 상태라면, 자존감은 자신의 내면에서 극복해야 할 타인을 찾는다. 자기 존중은 자기가 원하는 사람이 되려고 자신을 타자화한다. 자존감이 높은 사람은 자신을 무조건 받아들이는 것이 아니라 더 높은 수준의 자기를 창조하려고 자신을 밀어붙인다. 자존감은 변형을 통해 될 수 있는 다른 자아를 추구하는 과정에서 생겨난다. 자존감이 높은 사람은 자신의 약점을 인정하고 그것을 극복하려고 노력한다. 그는 자신의 약점에 거리를 두고 유머로 승화하는 까닭에 그의 약점은 삶에 더는 해로운 약점이 되지 않는다.

      많은 사람이 자기애를 자존감으로 오해해, 자기애만으로도 의미 있는 삶을 살 수 있다고 착각한다. 그러나 자기 존중 없이 자신을 사랑할 때, 사람은 자기를 극복하려고 노력하지 않고 병적인 자기 긍정에 빠질 수 있다. 그것은 강함이 아니라 약함의 표현이다. 자기애에 빠진 사람은 역설적으로 외부적 검증에 집착한다. 그는 개인적 신념이나 창의적 비전에 따라 살지 않고 외부적 인정에 따라 산다. 그의 정체성은 다른 사람들이 그를 어떻게 인식하는지에 전적으로 의존하기 때문에 취약하다. 외부의 인정을 받지 못하면, 그의 자기애는 무너지고 병적인 장애가 된다. 반면 자존감이 높은 사람은 자신의 원칙에 흔들리지 않고 외부의 승인을 위해 타협하지 않는다. 외부의 저항과 역경에 직면했을 때조차 그는 순응을 거부하며 자신의 힘을 시험한다. 자신의 삶을 살고자 한다면 우리는 가장 먼저 자신을 존중해야 한다.

23 | 자신을 사랑하려면 가볍게 살아라 《차라투스트라는 이렇게 말했다》

언젠가 인간에게 나는 법을 가르칠 자는 이 세상의 모든 경계석을 옮겨버릴 것이다. 아니, 그 앞에서는 경계석들이 스스로 공중으로 날아오를 것이다. 그리고 그는 이 대지에 '가벼움'이라는 새로운 이름을 부여할 것이다. 타조는 가장 빠른 말보다도 더 빨리 달릴 수 있지만, 여전히 머리를 무겁게 땅에 박고 있다. 아직 날지 못하는 인간 역시 그러하다. 인간에게 삶과 대지는 무거운 짐처럼 느껴진다. 그리고 무게를 사랑하는 중력의 영은 그것을 원한다. 하지만 가벼워지고 새처럼 날기를 바라는 자는 무엇보다 자신을 사랑해야 한다. 나는 그렇게 가르친다.

- III, 〈중력의 영에 대하여〉, KSA 4, 242쪽.

오늘날 거리를 걸어가는 사람들의 모습을 보면, 그들의 발걸음에는 언제나 무게와 중력이 느껴진다. 그들의 발은 질질 끌리고, 웃음기 없는 얼굴은 굳어지며, 어깨는 보이지 않는 무게에 휘청거린다. 그들은 자유를 말하면서도 노예처럼 힘들게 살아간다. 그들은 행복을 원하면서도 오락을 좇는 마음은 산만하다. 왜 그런가? 그들은 날아다니는 법을 배우지 못했기 때문이다. 그들은 고정된 경계석에 제한되고 보이지 않는 사슬에 묶여 무겁게 살아간다. 자신을 사랑하지 말고 이웃을 사랑하라는 계율, 순종하라고 가르치는 전통과 관습, 선과 악을 강요하는 경직된 규범, 다른 사람처럼 살라는 평범함의 법칙이 우리의 삶을 무겁게 만든다.

그것은 마치 우리를 요람에서 무덤까지 따라다니는 '중력의 영'과 같다. 우리가 대지에 발을 딛고 살아가는 한, 우리는 날지 못한다. 중력의 영이 우리의 귀에 그렇게 속삭인다. 아이들을 교육한다는 것은 아이들이 자기 자신을 사랑하지 못하도록 막는 것이다. 편안하게 살려면 이웃을 사랑하고, 이웃의 법칙을 따르는 것이 좋다고 중력의 영이 계속 속삭인다. 자기 자신을 발견하는 것은 너무 어려우니 오히려 남에게 자신을 맞추라고 유혹한다. 편안과 안락을 약속하는 순종의 길은 우리를 더욱 무겁게 만든다.

　　　　새가 하늘을 날려면 우선 알을 깨고 나와야 한다. 사람이 자유로워지려면 복종으로 만들어진 자신의 껍데기를 깨야 한다. 깨지 않으면 깨닫지 못한다. 기존의 경계석을 옮기거나 치워버려야 새로운 경계를 지을 수 있다. 마음속의 우상을 산산이 부수고, 자신에게 주어진 가면을 찢어버리며, 두려움과 복종의 교훈을 잊어야 한다. 자유로워진 개인은 열린 지평의 공포, 경계 없는 삶, 자신의 의미를 창조해야 하는 책임에 스스로 맞선다. 공기의 저항 없이는 어떤 새도 하늘을 날 수 없듯이, 그는 그렇게 저항을 극복하고 새처럼 가볍게 날아오른다.

　　　　새처럼 가볍게 사는 것은 결코 부주의하게 사는 것이 아니다. 그것은 세상의 무게에 비틀거리며 잊는 술주정뱅이의 길이 아니며, 고통과 역경으로부터 도망치고 숨는 겁쟁이의 길도 아니다. 사람들은 무리에 섞여 자신을 잊고 사는 것이 가볍게 사는 것이라고 오해한다. 부드러운 침대, 부른 배, 군중의 박수가 삶을 가볍게 하지 않는다. 그것은 편안함이라는 사슬로 당신을 땅에 고정한다. 편안함은 자유가 아니다. 그것은 우리의 몸을 달래지만 결국 생명력을 조이는 사슬이다. 사람들이 이렇게 쉽게 살려고 할수록 그들의 삶은 더욱더 무거워진다. 가벼운 솜이 물을 먹어 무거워지듯이, 그들의 삶은 조그만 어려움에도 감당할 수 없을 정도로 무거워진다.

　　　　가볍게 사는 것은 쉽게 사는 것을 의미하지 않는다. 위대한 것은 편안함 속에서 태어나지 않는다. 춤추는 사람이 중력을 이기고 몸을 날리듯이, 가볍게 사는 사람은 끊임없이 사슬을 벗어던진다. 가볍게 살고자 하는 사람은 먼저 고난을 견뎌야 하고, 먼저 공허함 앞에 벌거벗고 서있어야 하며, 먼저 오래된 무게를 짊어져야 한다. 가장 높은 산에 오르려면 먼저 불필요한 모든 짐을 벗어버려야 한다.

    우리는 어떻게 존재의 가벼움에 도달하는가? 차라투스트라의 가르침은 이렇다. "언젠가 나는 법을 배우려는 사람은 우선 서고 걷고 달리고 뛰어오르고 기어오르고 춤추는 법을 배워야만 한다. 단번에 나는 법을 배울 수는 없다!" 짐을 가득 실은 채 사막을 타박타박 걷는 낙타처럼 우리는 끊임없이 물어야 한다. "무엇이 내게 가장 무거운 짐인가?" 가볍게 사는 사람이 세상의 무게를 알지 못한다는 말처럼 어처구니없는 착각도 없다. 세상의 무게를 아는 사람만이 가볍게 살 수 있다. 무겁게 사는 사람은 이런 질문을 던지지 않고, 타조처럼 머리를 박고 삶의 폭풍을 피하는 데서 평화를 찾는다. 반면 가볍게 사는 사람은 삶의 도전과 역경을 이겨내고 운명의 바람을 타는 데서 평화를 찾는다. 자신의 힘을 믿고 자신을 사랑하려면, 우리는 가볍게 살아야 한다. 그러려면 우리는 우리의 것이 아닌 모든 짐을 던져버려야 한다.

24 자기 자신을 원하라

《인간적인 너무나 인간적인 II》

자기 자신을 원하라. 활동적이고 성공적인 기질을 지닌 사람들은 "너 자신을 알라."는 격언보다 "자신을 원하라. 그러면 너 자신이 될 것이다."라는 명령이 눈앞에 아른거리는 듯한 태도로 살아간다. 그들에게 운명은 언제나 선택할 자유를 허락해준 듯 보인다. 반면 비활동적이고 관조적인 이들은 삶의 갈림길에 설 때마다, 자신이 어떻게 선택했는지를 오랫동안 곱씹는다.

- 〈혼합된 의견과 잠언들〉, 366, KSA 2, 524쪽.

자기 자신이 되려면 자신을 알려고 하지 마라. 자기 인식이 자기실현으로 이어지지 않을 뿐만 아니라 자기를 안다는 것만큼 불가능한 일도 없기 때문이다. 오늘날 자아와 자기실현을 원하지 않는 사람은 거의 없다. 모두 자기 자신이 돼 '나답게' 살고자 한다. 자기실현을 해서 나다운 삶을 살려면 먼저 자기 자신을 알아야 하는 것이 논리적으로 보인다. 자기 자신을 알려고 할수록 자신을 모르게 된다. 우리는 자기 인식을 한답시고 자신에 대한 의견을 만들고, 그것이 본래의 자기가 아니라는 생각에 또 다른 생각을 만든다. 자아라는 미궁은 자기 자신에 대한 의견과 편견으로 뒤덮여 있어서, 우리를 진정한 자아로 인도하기는커녕 헤매게 만든다.

우리는 자기 인식과 자기실현의 순서를 바꿔야 한다. 자신이 되려면 먼저 자기가 원하는 자아를 창조해야 한다. 그것이 자기실현이다. 사람들은 먼저 헤엄치는 법을 배우고 난 다음에 물속으로 뛰어들려는 요량으로, 자신의 본모습을 알고 난 다음에 비로소 자기를 실현하려고 한다. 물에 뛰어들지 않으면 헤엄을 배울 수 없듯이, 자신이 원하는 것을 실천하지 않고서는 자기를 인식할 수 없다.

자기 인식은 인류 문명의 역사를 관통해 오늘날 우리

의 사고방식을 지배하는 강력한 편견이다. 고대 그리스 델포이의 아폴론 신전에 새겨진 "너 자신을 알라 gnōthi seauton!"는 우리의 머릿속에 각인돼 있다. "너 자신을 알라."라는 격언은 철학을 넘어 모든 사람의 상식이 됐다. 신전에 함께 새겨진 다른 두 개의 격언은 잊힐 정도로 이 격언의 힘은 막강하다. 이 격언의 진정한 의미를 이해하기 위해서라도 우리는 어쩌면 다른 두 개의 격언을 되살려야 할지 모른다. "아무것도 과하게 하지 마라!" "맹세하면 문제가 생긴다." 자기 인식이 자기실현을 가져온다는 약속은 모든 사람을 방황하게 만든 커다란 실존적 문제를 야기하지 않았는가? 우리는 이 금언 자체를 너무 과도하게 해석하지 말아야 한다.

사실 자기를 정확하게 안다는 것은 불가능에 가까울 정도로 어렵다. 세상일을 관찰하는 법을 아는 사람도 많지 않지만, 자기 자신을 관찰할 줄 아는 사람은 극소수에 불과하다. 자아는 그것을 탐색하려고 들어오는 모든 공격을 받아내는 보루와 같다. 인간은 어떤 인식과 규정에도 자기 자신을 아주 잘 지킨다. 우리는 겉으로 드러난 보루로 자아를 판단할 뿐 성안에서 무슨 일이 벌어지는지 알지 못한다. 어떤 감춰진 길이 성안으로 안내하지 않는 한, 자아는 다가갈 수도 볼 수도 없는 보루다. "모든 인간에게 가장 먼 존재는 자기 자신이다." "맞아, 이게 나야!"라고 자기를 규정하는 순간 자아는 이미 빠져나간다. 신이 인간을 향해 말한 "너 자신을 알라!"라는 격언은 거의 악의적인 요구다.

너 자신이 되고자 한다면 오히려 너 자신을 원해야 한다. 자아는 결코 명사가 아니라 동사다. 사람들은 언어의 세계가 끝나는 곳에서는 존재의 세계도 끝난다고 믿는 경향이 있다. 자아라는 단어를 입에 올리는 순간, 우리는 이미 자아를 변하지 않고 고정된 실체로 전제한다. 내가 되고자 하는 자아는 적극적으로 창조돼야 할 것이지 이미 주어진 것이 아니다. 따라서 "너 자신이 돼라!"라는 격언은 숨겨진 진실을 밝히라는 것이 아니라 새로운 현실을 만들라는 실존적 명령이다.

        너 자신이 되려면 네가 무엇을 원하는지 알아야 한다. 자아는 어떤 존재로 살 것인가, 어떻게 살 것인가의 문제다. 주어진 자아의 환상을 깨야 한다. 자신으로 존재하기 위한 첫 단계는 고정된 본질이 없고 창조할 가능성만 있음을 깨닫는 것이다. 무엇을 간절히 원할 때 우리는 이미 그것을 실현하고 있다. 내가 원하는 것을 알려면 좋음·나쁨·분노·증오·사랑·동정·욕망·기쁨·고통과 같은 마음의 움직임을 감지하고, 그것이 이끄는 대로 스스로 움직여야 한다. 무엇을 알고 싶은지 묻기보다 무엇을 원하는지 묻는 게 낫다. 네가 어떤 존재인지 묻지 말고 어떤 존재가 될 것인지 물어야 한다. 원하지 않으면 자아도 없다.

25 | 남의 머릿속에서 살지 마라 《아침놀》

사이비 이기주의. 사람들은 자신의 '이기주의'에 대해 어떤 생각을 갖고 있든, 실제로는 평생 진정한 자아를 위해 아무것도 하지 않는다. 그들이 살아가는 방식은 오직 타인의 시선 속에서 만들어진 자아의 환영을 좇는 것이다. 그 환영은 주변 사람들의 머릿속에서 형성돼 그들에게 주어진 것이다. …… 이처럼 자기 자신을 알지 못하는 사람들은 피 한 방울 없는 추상적인 존재, 곧 '인간'이라는 허구를 믿으며 살아가고 있다.

- II 105, KSA 3, 92~93쪽.

사람들은 모두 자아를 외치지만 정작 자기 자신을 위해서는 아무것도 하지 않는다. 한때 모욕적이었던 '이기적'이라는 말을 당당하게 사용하는 현대인은 외관상으로 분명 이기적으로 보이지만 진정한 자아를 위해 살 정도로 충분히 이기적이지는 않다. 겉으로는 비슷하나 속은 완전히 다른 '사이비 이기주의'다. 이기주의라는 시대의 흐름에 휩쓸려 자신의 이익을 위해 행동하는 것처럼 보이지만, 사람들은 자신이 아닌 다른 사람들이 만든 환영을 위해 살아간다.

타인의 시선을 위해 사는 사람은 자신을 보지 못한다. 자아라는 환영에 눈먼 사람은 자아를 찾지 못한다. 그는 자기 자신을 찾으려고 끊임없이 다른 사람의 의견을 구한다. '세상 사람들은 나를 어떻게 보는가?' '그들에게 나는 어떻게 보이는가?' '그들은 나를 어떻게 판단하는가?' 우리는 사람들이 즐기는 대로 즐기고 좋아하는 대로 좋아한다. 우리는 사람들이 보고 판단하는 것처럼 세상사를 읽고 판단한다. 여기서 사람들은 나 이외의 일반적인 불특정 다수로서의 '속인'이다. 그들이 느끼는 것처럼 느끼지 않으면 공감 능력 없는 사람이 되고, 그들이 판단하는 것처럼 판단하지 않으면 상식과 교양 없는 사람이 된다. 이러한 '속인의 폭정'은 우리에게 평준화된 자아를 강요한다.

내가 타인의 의견에 따라 산다면, 나는 나로서 존재하지 않는 것이다. 타인들이 내게 특정한 자아의 환영을 강요함으로써 내게서 내 존재를 빼앗아간다. 나는 내 길을 개척하는 대신 사회의 기대와 판단에 종종 갇혀버린다. 여기서 타인은 물론 특정할 수 있는 다른 사람을 가리키는 것이 아니다. 부모일 수도, 사랑하는 연인일 수도 있다. 마음이 통하는 친구일 수도, 함께 일하는 동료일 수도 있다. 이 사람도 아니고 저 사람도 아니지만, 우리가 다른 사람들과 더불어 살아가는 한 타인은 언제나 우리를 지배한다.

자아를 찾는 사람은 타인의 머릿속에서 살지 말아야 한다. 자아를 추구하는 것이 타인의 시선에 대한 의식과 얽히면 모순이 발생한다. 자아를 찾으면 찾을수록 타인의 머릿속을 헤집는다. 자신의 길을 개척하기보다는 공통된 가치, 신념, 욕망에 따르는 상태다. 타인의 승인과 인정을 구하는 것은 자율성을 포기하는 것이다. 타인의 반영에서 형성된 자아는 진정한 자아가 아니라 공허한 허구이기 때문이다. 타인의 박수를 기다리는 사람은 자신의 목소리를 듣지 못한다. 외부 판단에 노예가 돼서 자기를 추구하는 것은 자아를 완전히 잃는 것이다.

왜 사람들은 자신의 목소리를 듣지 않고 타인의 마음에 신경 쓰는 것일까? 모든 행위는 가치 평가다. 모든 가치 평가는 자신이 스스로 내린 것이거나 타인이 내린 것이다. 사람들은 대부분 속인의 가치 평가를 받아들인다. 왜 그들은 자신을 따르지 않고 타인을 따르는가? 두려움 때문이다. 타인과 다를 수 있다는 두려움은 자신이 다르게 존재할 가능성을 압도한다. 그래서 가치 평가를 하면서 외관상 우리 자신의 것인 듯한 모습을 보이는 게 상책으로 여겨진다.

스스로 평가하려면 다른 사람의 시선이 우리를 옥죄는 사슬이 되게 해서는 안 된다. 단순히 다른 사람의 판단을 거부하는 것이 아니라 그 판단에 영향을 받지 않아야 한다. 스스로 평가한다는 것은 어떤 것이 자신에게 얼마나 쾌감 또는 불쾌감을 주는가 하는 관점에서 평가하는 것이다. 타인의 시선을 의식하고 타인의 평가와 의견을 따르는 데 아무런 불쾌감을 느끼지 않는 사람은 사실 자아를 찾지도 않는다. 자아를 찾는 사람은 언제나 타인과의 관계에서 그리고 타인의 평가에서 불편함을 느낀다. 이런 불편함 때문에 사람들은 타인이 만들어놓은 기묘한 환영의 세계로 도망간다. 스스로 평가하지 못하는 가장 큰 이유는 다른 사람에 대한 두려움이다. 다른 사람의 의견을 지나치게 의식하는 것은 환상에 얽매이는 것이다. 그것을 벗어던지고 아무도 지켜보지 않는 것처럼 살면, 자아가 서서히 나타난다.

26 | 자신을 인식하지 말고 체험하라　《도덕의 계보》

　　그 밖의 삶, 즉 소위 '체험'에 대해 진지하게 고민하는 사람이 과연 우리 중에 몇이나 있을까? 아니, 그런 깊은 생각을 할 시간조차 충분하지 않은 것이 현실이다. 내가 두려운 것은, 우리가 이런 문제들에 대해 한 번도 온전히 몰두해본 적이 없다는 사실이다. …… 우리는 필연적으로 자기 자신에게 낯설다. 자신을 이해하지 못하며, 자신이 누구인지에 대해 늘 잘못 생각할 수밖에 없다. "모든 사람은 자기 자신에게 가장 먼 존재다."라는 말은 우리에게 영원한 진리로 남는다. 우리는 자신에게 있어 '인식하는 자'가 아니다.

- 〈서문〉, KSA 5, 247~248쪽.

　　　　　사람은 인식하려고 사는 것이 아니라 살려고 인식한다. 진리가 발견되는 것이 아니라 창조되는 것이라는 사실을 아는 사람은 이 말의 뜻을 잘 안다. 숲길을 걸으면서 마주치는 온갖 꽃과 나무의 이름을 모른다고 숲을 경험하지 못하는 건 아니다. 숲속의 빈터를 오색찬란하게 수놓고 있는 들꽃은 이름을 모를 때 더욱 빛이 난다. 하늘이 보이지 않을 정도로 울창한 나무들과 우거진 덤불이 사라진 텅 빈 장소에 이름 모를 꽃들이 우리의 눈을 가득 채운다. 아무것도 없는 곳이 비로소 꽃들을 환하게 밝힌다. 숲속의 빈 곳은 환하게 트인 터다. 없어야 비로소 존재한다. 이름이 없어야 비로소 환하게 드러난다. 숲길을 체험한 사람은 이를 이해한다.

　　　　　숲길이 이렇다면, 우리 자신은 어떨까? 우리 자신을 비워야 비로소 자신의 자아를 체험할 수 있는 것은 아닌가? 손은 자신을 잡을 수 없고, 칼은 자신을 자를 수 없으며, 내면을 향하는 눈은 아무것도 보지 못한다. 인간은 자기 자신을 인식하려는 헛된 노력으로 반사를 실체로, 그림자를 본질로 착각한다. 인식은 고정하는 행위, 자신을 틀에 넣는 행위다. 인식은 이름을 붙이는 행위다. 자신을 인식하려는 사람은 자신을 이미지에 가둔다. 반면 자신을 체험하려는 사람은 자신을 자유롭게 한다. 자신을 비워야 새로운 것을 체험할 수 있다. 체험은 틀에서 벗어나는 행위이며, 원하는 바의 자신이 되는 행위다.

우리는 거울을 보면서 자기 자신을 인식하려 하지만, 거울은 우리에게 종종 거짓말을 한다. 거울에 비친 자기 모습을 숭배하면 우리는 자기 자신을 영원히 인식하지 못한다. 자기 자신이 되고자 하는 사람은 거울을 깨고, 산산이 부서진 조각들 사이를 걸으며 자기 자신을 체험해야 한다. 자기 자신에게 몰두하는 사람은 정오의 종소리도 제대로 듣지 못한다. 종소리가 울리고 난 다음에야 우리는 종소리의 울림을 마음속으로 세어본다. 잘못 세는 경우가 많다.

체험해야 비로소 이해한다. 그래서 "나는 누구인가?"라는 물음은 "나는 무엇을 체험했는가?"라는 물음과 같다. 우리는 과거에 있었던 멋진 체험을 종종 다시 한번 체험하길 원한다. 지금의 나를 느끼려고 더없이 행복했던 순간을 다시 한번 느끼고자 한다. 그 특별했던 순간은 지금의 나와는 상관없이 우연히 혹은 운명처럼 거기에 있었던 게 아니다. 우리가 인지하든 못하든, 과거부터 현재까지의 체험들이 연결돼 현재의 나를 구성한다. 모든 체험은 연결돼 있다. 체험의 특별한 한순간을 떠올린다는 것은 곧 자신의 모든 체험을 긍정하는 것이다.

우리는 어떻게 자신을 체험하는가? '세 가지 변신'에 관한 이야기는 체험의 단계를 말해준다. 첫 번째 단계인 낙타의 정신은 무거운 짐을 요구한다. 얼마나 무거운 짐을 질 수 있는지 우리의 인내력을 시험하는 것은 자기 자신을 체험하는 첫 단계다. 건강을 위해서 천천히 걷는 동네 산책은 체험이 아니다. 숨이 멎을 정도로 힘들게 깔딱고개를 넘어야 비로소 자기 자신을 체험할 수 있다. 체험한다는 것은 궁극적으로 자신의 몸을 경험하는 것이다. 참고 견디는 게 쉬운 일이 아니다. 무거운 짐도 그것을 견뎌내는 힘도 사람마다 다르다. 무거운 짐을 져보지 않은 사람은 자신의 힘을 결코 알지 못한다.

두 번째 단계는 무거운 짐을 강요하는 사회에 '아니오'라고 말할 수 있는 사자의 단계다. 거부하고 저항하며 파괴하려는 의지가 없다면 내 의지가 어디까지 미치는지 알 수 없다. 포효하는 자만이 사슬을 끊을 수 있다. 돌이켜보면 강요된 무게를 수동적으로 견디지 않고 반항하며 고개를 꼿꼿이 들었던 때가 특별한 자기 체험의 순간이었다. '내가 이럴 수도 있구나!'

그러나 진정한 자기 체험은 있는 그대로의 자신을 경험하고 인정할 때 이뤄진다. 세 번째 단계인 어린아이의 단계에서, 어린아이는 사회적 인정 때문에 낙타처럼 무거운 짐을 견디지도, 사자처럼 자유를 강탈하지도 않는다. 어린아이는 놀이 속에서 자신을 잊는다. 바로 이 순간 그는 자신을 체험하고 세계를 긍정한다. 자신을 체험하는 사람은 "나는 누구인가?"라고 묻지 않는다.

27 | 자신을 불시에 습격하라

《인간적인 너무나 인간적인 II》

　　자신을 불시에 습격할 줄 아는 것. 진정으로 자신을 있는 그대로 바라보고자 하는 사람은, 횃불을 들고 언제든 자신을 불시에 마주할 준비가 돼있어야 한다. 정신도 육체와 마찬가지로 그러하기 때문이다. 거울을 통해 자신을 보는 데 익숙한 사람은 자신의 추한 면을 종종 잊고 만다. 화가의 붓 끝에서 비로소 그는 자신의 추함을 다시 깨닫지만, 시간이 지나면 그림마저 익숙해져 결국 다시 자신의 추한 모습을 잊어버리고 만다. 이는 인간이 변함없이 추한 것을 견디지 못한다는 보편적인 원칙에 따른 일이다.

― 〈방랑자와 그의 그림자〉, 316, KSA 2, 692~693쪽.

"거울아, 거울아, 세상에서 누가 제일 예쁘니?" 사람들은 진실을 알려고 매일 자신의 거울을 들여다본다. 진실만을 말하는 마법 거울이 정말 있다면, 사람들은 그 진실을 견뎌낼 수 있을까? 아름다우면서도 허영심이 많은 왕비가 매일 아침 물어볼 때마다 거울은 왕비가 제일 예쁘다고 대답한다. 백설 공주가 자라 일곱 살이 됐을 때 왕비가 묻자, 거울은 왕비는 여전히 아름답지만 백설 공주가 더 아름답다고 대답한다. 엄청난 충격을 받은 왕비는 백설 공주를 질투하고 증오해 결국 죽이려 한다. 왕비에게 진실의 마법 거울을 들게 한 것은 헛된 욕망과 허영심이다. 거울이 알려준 진실을 견디지 못하고 잔혹한 행위로 이끈 것도 물론 욕망과 허영심이다. 왕비는 거울 속에서 자신의 본모습을 보는 것이 아니라 타인과 비교되는 자신의 환영만 본다.

자기 모습을 보려고 거울을 본다고 말하는 사람들은 사실 자신을 감추려고 거울을 든다. 거울에 비친 모습은 내 진짜 모습이 아니다. 내가 보고 싶은 모습이 거울에 투영될 뿐이다. 백설 공주를 죽였다는 증거를 가져오라고 사냥꾼에게 명령하고, 가져온 어린 멧돼지의 심장을 백설 공주의 것이라고 믿고 요리해 먹는 엽기적인 왕비가 자신의 추악함을 보려고 거울을 보지는 않았을 것이다. 매일 아침 자신의 아름다움을 확인하려고 거울을 드는 사람은 자신의 추악함을 보지 못한다. 자신을 거울에 비춰보는 데 익숙한 사람은 언제나 자신의 추한 모습을 은폐한다. 진실을 알려고, 자신의 진짜 모습을 보려고 거울을 본다는 것만큼 자기기만적인 말도 없을 것이다. 자신이 예쁘기를 바라고 여전히 예쁘다고 생각할 때 거울을 들지, 자신이 추하다고 생각하는 사람은 거울을 보지 않는다.

우리는 이제 거울을 깨뜨려야 한다. 진실을 말하는 마법 거울 같은 것은 애당초 존재하지 않는다. 거울은 아름다워지려는 인간의 욕망을 반영하고 아름답지 않은 현실을 은폐하는 희한한 도구다. 우리가 종종 우리의 모습을 똑같이 재현한 사진보다 화가의 초상화에서 더 본래의 자신을 발견하는 것은 감추고자 했던 내면의 추함을 화가가 집어내기 때문인지도 모른다. 잘 그린 초상화는 인물의 뒤틀리고 고집스러우며 혐오스러운 성격적 특징을 종종 과장되게 묘사한다. 아름다움과 함께 추함이 잘 표현돼야 좋은 작품이 된다는 사실은 많은 것을 말해준다.

추함은 결코 아름다움의 반대가 아니다. 추함이라는 개념은 단순한 미적 판단이 아니라 심오한 실존적 관심사다. 인간 외에는 어떤 것도 아름답지 않다. 그러나 가장 추한 것도 인간 자신이다. 백설 공주만 아름다운 것이 아니다. 아름답지 않은 어린아이는 없다. 어떤 존재로도 될 가능성과 강한 생명력을 가진 존재만큼 아름다운 것은 없다. 또한 아무것도 퇴화 과정에 있는 인간만큼 추악한 것도 없다. 쇠퇴나 위험, 무기력을 상기시키는 추함은 인간을 약화하고 슬프게 한다. 반면 용기와 긍지, 자존감과 권력의지가 상승하면, 추함은 사라지고 아름다움이 함께 상승한다.

그러나 자신의 추함을 부정하면 자기기만이 생기고, 이는 다시 분노를 조장한다. 분노는 개인이 자신의 약점과 추함에 맞서기를 거부하고 자신의 실패를 다른 사람에게 투사할 때 발생한다. 자신에 대해 불만을 느끼는 사람은 끊임없이 이에 복수하려 한다. 여전히 예쁜 왕비는 왜 자신에게 만족하지 못하고, 그 원한을 백설 공주에게 풀려 하는가? 우리는 내면의 추함을 인정하려고 우리 자신을 종종 습격할 필요가 있다. '내게 이런 면이 있는가?' '내게 이런 능력이 있었는가?' '나는 내 욕망을 속였던 것인가?' 우리는 자신을 보려고 끊임없이 거울을 들기 때문에 이런 자기 인식에 도달하려면 거울의 이미지를 믿지 말고, 마법 거울 자체를 깨뜨려야 한다. 우리는 우리 자신에게 덧씌워진 모든 이미지를 벗어던지고 벌거벗은 자신을 봐야 한다. 거기에는 추하면서 동시에 아름다운 자신만이 남는다.

28 | 자신을 경멸할 줄 알아라

《차라투스트라는 이렇게 말했다》

나는 그대들에게 말한다. 춤추는 별을 낳으려면 자기 내면에 혼돈을 지니고 있어야 한다. 그대들에게 말하건대, 그대들은 내면에 아직 혼돈을 지니고 있다. 슬프구나! 인간이 더는 별을 낳지 못하는 때가 오고 있다! 슬프구나! 자기 자신을 더는 경멸할 줄 모르는 더없이 경멸스러운 인간의 시대가 오고 있다.

- 〈차라투스트라의 머리말〉, 5, KSA 4, 19쪽.

자기를 극복하려면 자기 자신을 경멸할 줄 알아야 한다. 자긍심과 자존감을 최고의 가치로 생각하는 현대에 이보다 더 사악한 말도 없을 것이다. 경멸한다는 것은 낮춰 보거나 하찮게 여기는 걸 의미하지 않는가? 자신을 낮추면서 지금의 자신을 넘어서라는 것은 말이 되지 않는 것처럼 보인다. 오늘날 교양 있는 사람들은 모두가 평등하다고 생각하며 평범함을 추구한다. 높낮이가 없는 사회, 어떤 차이와 간격도 있어서는 안 되는 민주주의 사회에서 평준화된 평범성은 최고의 이상이다. 이런 사회에서 우리는 누구도 업신여기거나 하찮게 여겨서는 안 된다. 평범한 사람들은 '경멸'이라는 말을 듣기 싫어한다.

경멸을 죄악시할수록 우리는 경멸할 줄 아는 능력을 상실한다. 경멸은 낮춰 본다는 것만을 의미하지 않는다. 니체가 사용한 독일어 낱말은 경멸을 '존중의 부정'으로 이해한다. 그것이 정말 내 고유한 것이라고 인정할 수 없을 때, 내 특정한 취향과 성격과 행동에서 인정과 존중을 거둬들일 때 우리는 그것을 경멸한다. "어떻게 내가 저럴 수 있는가?" "내 존재가 저 정도란 말인가?" 내 존재가 내가 추구하는 가치에 훨씬 못 미칠 때, 나는 자신을 경멸한다.

내가 자신을 경멸할 수 있다는 것은 더 높은 곳을 추

구한다는 것을 의미한다. 높은 곳으로 올라가려고 결심한 이후로는 나 자신을 더는 믿지 못한다. 내 오늘은 내 어제를 부정한다. 내 경멸과 내 동경은 함께 자란다. 내가 높이 오를수록 나는 올라가는 자를 더욱더 경멸한다. 나는 높은 곳에 도달했을 때 찾아오는 고독을 두려워하고, 다시 내려가 사람들 속에 섞이길 바라는 욕망을 경멸한다. 내가 경멸하는 것은 올라가며 비틀거리는 내 모습이다.

차라투스트라는 이렇게 말한다. "나는 사랑한다, 마음껏 경멸하는 사람들을. 그들은 마음껏 숭배하는 자들이며 저편의 해안을 동경하는 화살이기 때문이다." 그러나 우리는 경멸을 죄악시하고 배척한다. 그렇게 경멸의 능력을 상실해, 결국 우리는 아무것도 동경하지 않게 된다. 우리는 어떤 별과 동경도 가슴에 품지 않고, 아무것도 창조하지도 사랑하지도 않는다. 우리가 원하는 것은 평범한 행복이다. 이런 행복을 누리려면 우리는 어느 것도 경멸해서는 안 된다.

니체는 이렇게 어떤 야망도 없이 평범함에 안주하고 만족하는 인간을 '마지막 인간'이라고 부른다. 그는 자기 자신을 경멸할 줄 모르기 때문에 가장 경멸스러운 인간이다. 그는 도전보다 위안을, 위대함보다 행복을, 투쟁보다 안전을 추구한다. 현상만 유지하려는 자기 자신에 대한 경멸의 능력이 없다면 변화나 개선에 대한 동기도 없다. 경멸은 자신을 단순히 하찮게 여기는 것이 아니라 자신의 부족함을 적극적으로 인식하는 것이다. 경멸은 개인이 자신의 약점에 맞서고, 그것을 극복하도록 강요하는 힘이다. 이러한 내면적 불만과 갈등이 없다면, 사람들은 성장을 방해하는 만족의 순환에 갇힌다.

　　　　　현재의 자신에 만족하지 않고 더 높은 곳으로 올라가려는 사람은 자기 자신을 경멸할 줄 알아야 한다. 경멸은 우리의 내면에 혼돈을 만든다. 우리는 혼돈을 두려워하지 말고 그것으로부터 새로운 질서를 만들어내야 한다. 경멸이 바로 새로운 창조의 시작이다. 어떤 것을 경멸하지 않고 부정적인 것으로 평가하지 않고서는 새로운 가치를 창조하지 못한다. 자기 경멸은 결코 결함이 아니다. 그것은 자기 극복의 필수적 조건이다. 경멸은 정체를 막고 변화를 일으키며 권력의지를 북돋운다. 경멸이 없다면 개인과 사회는 안주에 빠져 평범함에 만족하는 마지막 인간의 사회가 된다. 경멸하지 않는 사회는 결코 좋은 사회가 아니다. 경멸의 능력을 제거하는 사회는 침체하고 쇠퇴해, 탁월함보다 평범함을 추구한다. 자신의 가장 높은 희망의 씨앗을 심으려면 이렇게 물어야 한다. 내가 자신에게서 가장 경멸하는 것은 무엇인가?

29 | 전체가 아닌 부분에서 시작하라 《인간적인 너무나 인간적인 I》

위대한 사람들은 모두 하나의 큰 전체를 완성하기에 앞서, 먼저 각 부분을 완벽하게 다듬는 숙련된 장인 정신을 지니고 있었다. 그들은 작은 부분을 완성하는 데 오랜 시간을 들였는데, 이는 눈부신 전체보다도 세밀하고 사소한 일을 잘 해내는 데서 더 큰 기쁨을 느꼈기 때문이다. …… 반면 대부분의 사람은 어떻게 할까? 그들은 부분부터 시작하지 않고 전체를 먼저 시작한다. 운이 좋아 한 번쯤은 좋은 선택으로 주목받을지 모르지만, 결국 점점 더 실패한다.

- IV 163, KSA 2, 153쪽.

천재는 태어나는 것이 아니라 만들어진다. 우리는 어떤 분야에서 탁월한 사람을 보면 그 성과를 선천적으로 타고난 재능으로 돌린다. 라파엘로, 셰익스피어, 모차르트처럼 매우 뛰어난 예술가는 너무 희귀하고 예외적이어서 분명 우리와는 다른 천부적 재능을 가졌음이 분명하다. 우리는 스스로 우수하다고 생각할지라도 라파엘로처럼 그림을 그리거나, 셰익스피어처럼 훌륭한 작품을 쓸 수 있다고 기대하지 않는다. 그들을 기적이나 신의 은총으로 생각해야만, 그들의 뛰어난 재능에 우리의 감정이 상하지 않는다. 누군가를 천재라고 부른다는 것은 우리가 경쟁할 필요가 없음을 의미한다. 천재는 우리와 아주 먼 기적과 같은 존재인데 누가 감히 천재와 경쟁하고 천재가 되려 하겠는가.

　　　천재는 완성된 개인이다. 천재는 언제나 하나의 전체로서 우리에게 다가온다. 우리는 천재가 타고난 신성한 선물이라는 낭만적인 천재 신앙에 도전해야 한다. 천재는 단순히 개인적인 특성이 아니라 외부적, 내부적 요인의 복잡한 상호작용을 통해 나타나는 사회적 현상이다. 뛰어난 재능을 보이지 않는 사람들조차 끈기와 규율, 적절한 사회적 환경을 통해 위대함에 이를 수 있다. 우리가 모차르트에게서 음악적 천재성만을 본다면, 어릴 적부터 아버지에게서 집중적으로 받은 훈련과 자신의 기술을 끊임없이 다듬고 창조한 그의 끈기와 노력은 볼 수 없다. 고되고 험난한 과정의 끝에 나타나는 완전한 모습은 경탄의 대상이지만, 생성 중인 모든 것은 경시된다. 우리는 천재가 어떤 방법으로 '생성됐는가'를 봐야 한다.

처음부터 완성된 형태로 존재하는 전체는 없다. 전체는 언제나 다양한 부분과 그들의 복잡한 관계를 통해 만들어진다. 부분을 가꾸고 다듬어 완성하는 법을 배우지 않고서는 천재가 될 수 없다. 다른 사람의 곡을 수백 번 치지 않으면 자신의 곡을 만들 수 없다. 모방 없는 창조는 불가능하다. 그런데 모방은 언제나 전체가 아닌 부분에서 시작한다. 타고난 재능이 없는 사람도 글쓰기를 좋아해 소설을 100개 이상 습작하면, 어느 순간 자신의 글을 쓸 수 있다. 매일 경험하는 일화를 두 쪽 분량의 글로 쓰기, 주위 사람들을 관찰해 인간의 유형과 성격을 수집하기, 남이 말하는 것을 주의 깊게 듣기, 인간 행위의 동기를 생각하기, 예술적 효과를 줄 수 있는 표현법 익히기. 이 모든 것은 부분에 관한 기술이지만, 그 부분들이 결합해 의미 있는 전체를 만든다.

그런데 대부분의 사람은 부분이 아니라 전체에서 시작한다. 그들은 완성된 전체인 천재를 숭배하며 스스로 천재가 되고자 한다. 사람들은 반복적인 모방의 고통은 겪고 싶지 않으면서 천재가 되려고 한다. 아무리 노력해도 천재가 될 수 없음을 알기에 천재를 숭배한다. 자신이 초인적인 천재라고 믿는 것도, 천재를 무조건 예찬하는 것도 위험하다. 천재를 숭배할수록 사람들은 노력과 경쟁을 스스로 포기하기 때문이다. 천재 예찬은 정신적 노쇠함의 징후일 뿐이다.

우리는 우선 부분을 완전히 만들 줄 아는 숙련된 장인이 돼야 한다. 좋은 그림을 그리려면 우선 선을 잘 그을 줄 알아야 한다. 대상의 주요 특성을 선으로 그려내는 드로잉을 반복적으로 한 사람은 결국 자신만의 그림을 그린다. 우리가 그리는 삶이라는 작품도 한 번에 완성되는 전체가 아니다. 그것은 수많은 과정을 거쳐 서서히 완성된다. 삶을 전체적으로 완성하고자 한다면, 우리는 모든 것을 소재로 이용하고, 모든 활동을 한 방향으로 모으며, 자신과 다른 사람의 삶을 진지하게 관찰하고, 여기저기서 모범과 자극이 되는 것을 찾아내 하나의 커다란 전체로 짜맞추는 것을 게을리하지 말아야 한다.

우리는 삶의 장인이 돼야 한다. 천재는 완성된 작품으로 판단된다면, 장인은 삶을 구성하는 부분에 대한 성실성으로 평가받는다. 삶을 완성하는 천재가 되고자 한다면, 우선 순간순간에 성실한 장인이 돼야 한다. 우리는 부분에서 시작해야 한다.

30 | 가면을 부끄러워하지 마라

《선악의 저편》

　　본능적으로 침묵하고 자신을 감추려는 사람에게도 말은 필요하다. 끝없이 소통을 피하는 이 숨겨진 자는, 자신의 가면이 친구들의 마음과 머릿속을 대신 움직이길 바라며 그렇게 하도록 만든다. 그리고 비록 그가 원치 않더라도, 어느 순간 자신이 만든 가면이 그 자리에 있으며 그것이 최선임을 깨닫는다. 모든 깊은 정신에는 가면이 필요하다. 더불어 그 주변의 모든 말과 행동, 삶의 작은 신호들이 끊임없이 오해받고 천박하게 해석되는 덕분에, 가면은 점점 더 두터워진다.

- II 40, KSA 5, 57~58쪽.

깊이 있는 모든 것은 가면을 사랑한다. 얕은 것은 대부분 아무리 숨기려 해도 속속들이 들여다보인다. 겉으로 드러나 보이는 현상만으로도 파악할 수 있는 것은 피상적이다. 굳이 겉과 속을 구별할 필요가 없을 정도로 분명하고 명확하다. 겉과 속이 다를 때, 우리는 비로소 내면과 본질을 이야기한다. 내면과 본질은 쉽게 드러나지 않는다. 내면과 본질은 자신을 숨기고 은폐하는 경향이 있다. 무엇으로 자기 자신을 숨기는가? 가면이다. 가면은 쉽게 드러나지 않는 본질이 자신을 드러내는 도구이자 방식이다. 가면은 감추기도, 드러내기도 한다.

가면의 이중성을 모르는 사람들은 가면을 벗는 것이 도덕적이라고 주장한다. 가면을 벗어 던지고 진짜 모습을 보여라! 자신을 위장하지 말고 속내를 드러내라! 겉으로 드러나지 않는 속마음을 드러내야 사람들은 진실하게 다른 사람과 소통할 수 있다는 것이다. 한때 나도 직선적인 성격이 좋다고 생각하고, 자랑스럽게 여긴 적이 있다. 자신의 느낌과 생각을 이리저리 둘러대지 않고 곧바로 내뱉는 것도 진정한 용기라고 생각했다. 자신의 감정과 생각을 제대로 표현하지 못하고 감추거나 왜곡하는 사람의 비겁함에 화가 나기도 했다. 이처럼 직선적인 사람은 직선의 가면을 쓰고 있으면서도 자신은 가면이 필요 없다고 착각한다.

그러나 직선이 진실로 이어지지 않음을 깨닫는 데 오래 걸리지 않았다. 화살의 궤적과 같은 직선은 상처를 낸다. 다른 사람의 잘못과 약점을 지적함으로써 상처를 주는 것만이 아니다. 아물지 않고 계속 덧나는 생채기 속에 숨겨진 다른 사람의 모습을 알지 못하면서도, 마치 다 아는 것처럼 행동하는 것이 더 깊은 상처를 남긴다. 직선적인 사람은 자기 내면에도 알 수 없는 검은 부분이 있음을 알지 못한다. 그는 사실 자신의 바닥 없는 심연을 들여다볼 용기가 없다.

진리에 이르는 길은 직선이기보다 곡선에 가깝다. 차라투스트라도 영원의 오솔길은 굽어있다고 말하지 않았는가? 직선은 겉과 속, 진리와 허위가 분명히 구별된다고 전제한다. 우리 사회는 사실 단순함, 분류, 예측 가능성을 선호한다. 모호함과 복잡성에 저항한다. 깊이 있고 오묘한 것은 모호하고 복잡하다. 자기 내면을 성찰하며 알 수 없는 욕망을 확인하고 뭐라고 규정할 수 없는 힘의 존재를 느끼는 사람은 다른 사람들과 더불어 살려면 가면이 필요하다. 진정으로 심오한 사람은 미리 정해진 범주에 깔끔하게 들어맞지 않기 때문이다. 소크라테스와 예수 그리고 니체 같은 사상가는 종종 오해를 받는다. 그들은 자신들의 사상을 사람들이 더 쉽게 이해할 수 있도록 단순화하거나 왜곡하고, 비난까지 서슴지 않는다. 그들은 내면의 진실을 보호하려고 가면을 쓴다.

우리는 가면을 두려워할 이유가 없다. 가면이 없다면 우리는 자신으로서 존재하지 못한다. 각각 자신의 내면에 깊이를 알 수 없는 심연을 지닌 사람들이 함께 살아가고 소통하려면 반드시 가면이 필요하다. 자신이 아무런 보호 없이 적나라하게 노출되길 바라는 사람은 아무도 없다. 우리는 모두 숨겨진 자다. 우리가 어떤 사람이 될지 그 존재 가능성은 숨겨져 있다. 우리를 드러내는 말과 행동은 동시에 우리 자신을 은폐한다. 자신을 표현하려고 던진 말이 더 많은 오해를 부르는 경우가 얼마나 많은가. 그렇다면 우리는 오히려 적극적으로 자신만의 가면을 써야 한다. 설령 내가 가면을 쓰겠다고 의도한 것이 아니더라도 다른 사람이 나를 가면으로 인식할 수밖에 없다면, 다른 사람들의 마음과 머리에서 '나'라고 인식되는 가면을 만들어야 한다.

심오한 정신에는 가면이 필요하다. 심오하다는 것은 분명히 규정할 수 없을 정도로 변화가 심하다는 것을 의미한다. 심오한 개인은 단순히 속이려고 가면을 쓰는 것이 아니라 역동적인 자신을 보호하고 변형하며 창조하려고 가면을 쓴다. 따라서 가면을 너무 일찍 벗고 자신을 완전히 드러내는 정신은 파멸의 위험이 있다. 사회는 진실을 두려워한다.

IV.

인간답게 살아가기 위한
10계의 위험한 말

31 | 사소하고 일상적인 것에서 삶의 시인이 돼라 《즐거운 학문》

사물을 왜곡하거나 제한된 시선으로 바라보는 법, 때로는 덧칠하거나 과장해서 보는 법은 예술가에게서 배워야 한다. 하지만 삶에 있어서는 예술가들보다 더 현명해져야 한다. 왜냐하면 그들의 섬세한 재능은 대개 예술이 끝나고 삶이 시작되는 자리에서 멈추기 때문이다. 반면 우리는 가장 작고 일상적인 것들 속에서 시작하는 삶의 시인이 되기를 바란다.

– IV 299, KSA 3, 538쪽.

위대한 것을 원하는 사람은 보잘것없이 작거나 사소한 것을 경시하는 경향이 있다. 우리는 익숙한 것, 날마다 반복되는 일상을 너무도 소홀히 여긴다. 살려고 먹고, 아이 낳으려고 섹스하며, 꿈꾸려고 잠잔다고 생각하는 사람들은 의식주와 정욕 그리고 수면을 하찮은 것처럼 대한다. 그들은 뭔가 고상한 삶이란 일상과 멀리 떨어진 세계에 있는 것처럼 이야기한다. 우리에 갇혀있는 짐승이 창살 틈을 통해 저편의 먼 곳에 있는 자유로운 이상을 봤다고 믿는 것처럼, 우리는 일상을 이상의 감옥으로 여긴다.

일상을 벗어나야 이상에 도달할 수 있다고 믿는 사람들에게는 일상의 대부분이 추락한다. 우리가 음식을 먹고 옷을 입으며 집을 가꾸는 것이 일상적 삶인데, 본질적이고 이상적인 삶은 따로 있는 것처럼 살아간다면, 일상은 무의미의 나락으로 떨어질 수밖에 없다. 이렇게 우리는 이상을 저편의 천국으로 만들면서 일상을 지옥으로 만든다. 우리는 삶의 확고한 토대인 일상의 삶을 진지하게 받아들여야 한다. 일상이 무너지면 이상이 자랄 수 있는 토대가 유실된다.

사람들은 삶의 근원을 찾으면 자신의 일상적 삶이 훨씬 더 풍요로워질 것이라고 착각한다. 삶에 근원이나 순수, 본질

같은 것은 본래 없다. 그런데도 사람들은 자신들의 모든 행위와 판단에 대단히 귀중한 의미를 부여하는 어떤 것을 탐구하듯 근원을 찾는다. 우리는 주위에서 삶의 본질과 근원을 탐구하면서 일상적 삶을 포기하는 사람을 많이 본다. 사물의 근원을 통찰하는 데서 구원을 찾을수록, 사람들은 사물을 현실적으로 보지 못한다. 사물을 둘러싼 현상과 모습, 우리가 사물에 투입한 모든 가치 평가와 관심을 제외하면, 사물은 사라져버린다. 온갖 빛깔과 모습으로 나타나는 현상을 제외한 물자체라는 것은 존재하지 않는다. 근원을 통찰할수록 근원의 무의미성이 증대된다.

  모든 의미는 가장 가까운 것에 있다. 우리에게 의미를 부여하는 것은 바로 삶의 근원이 아니라 구체적이고 일상적인 삶이다. 근원과 본질이라는 것의 무의미함을 받아들이면, 가장 가까이 있는 것들이 꿈에도 상상하지 못했던 색채와 아름다움으로 나타나기 시작한다. 멀리 던졌던 시선을 돌려 가까이 보면 주위가 빛나기 시작한다. 진짜 친구를 찾는다고 언제나 가까이 있는 친구를 보지 못했던 것처럼, 사람들은 '진짜 삶'이나 삶의 본질을 추구한다고 일상의 삶을 놓친다. 우리는 가장 가까이 있는 것들에 관심을 기울이지 않았다는 사실을 인정해야 한다.

  우리의 삶을 윤택하게 하려면 일상적인 것에서 삶의 시인이 돼야 한다. 시인은 사물과 세상을 근원적으로 탐구하지 않는다. 시인은 삶을 다양한 각도로 바라봄으로써 삶이 스스로 드러나게 만든다. 시인은 멀리 보지 않고 가까이 본다. 삶을 조각내어 보기도 하고 맥락을 파악하기도 한다. 매일 아침 마시는 커피 향이 날씨에 따라 다르다는 것, 우리의 미각은 입안의 여러 부위에서 다르다는 것, 식사 때 먹는 것에 집중하지 않고 이 야기를 많이 하거나 듣는 것이 위에 나쁘다는 것, 사물의 윤곽은 햇살이 강한 정오보다 어스름에서 잘 보인다는 것을 깨닫지 못 하는 사람이 많다. 그들은 가장 사소한 것과 가장 일상적인 것에 무지하다.

   삶의 시인이 되려면 일상에 대한 예리한 안목이 있어 야 한다. 근원과 본질을 찾는 사람들은 자신의 시선과 이성을 잘 못된 방향으로 돌려 사소하고 가장 가까이 있는 것들에서 벗어 나게 만든다. 우리는 인간적이고 너무나 인간적인 것들을 경시 하면서 인간 본질을 탐구한다. 그러나 인간으로서 품위 있게 살 아가려면 우리는 일상을 소중하게 생각해야 한다. 좋은 일이건 나쁜 일이건 가까이에서 부딪히는 일이 삶을 구성한다. 일상의 생활양식을 어떻게 설정할 것인가는 결국 그 사람의 성격과 삶 을 결정한다. 일상에서 무엇이 우리에게 바람직하며 무엇이 우 리에게 해로운가를 알지 못하면, 일상에서 일상을 초월하는 삶 의 시인이 되지 못한다.

32 | 위안의 치료제를 믿지 마라 《아침놀》

　　우리가 오늘날 삶을 고통스럽고 우울한 것으로 여기게 된 데에는 '위안'이라는 이름의 약이 깊이 작용해 왔다. 병과 싸우는 과정에서, 오히려 더 심각한 병이 생겨난 것이다. 겉보기에 좋은 치료제들은 결국 우리가 없애려 했던 고통보다 더 나쁜 상태를 불러왔다. 사람들은 무지 속에서 즉각적인 효과를 주는 마취제나 도취제, 이른바 위안의 수단들이 진정한 치유라고 믿었다. 그러나 그들은 빠른 위안이 오히려 고통을 더욱 깊고 지속적인 것으로 만든다는 사실을 알아차리지 못했다.

－I 52, KSA 2, 56쪽.

삶에는 치료제라고 생각했던 것이 장기적으로는 그것으로 치유돼야 할 병보다 더 악성인 병을 만들어낸다. '위안'이라는 약이 바로 그렇다. 우리는 따뜻한 말이나 행동으로 고통이나 슬픔을 달래주는 위안을 최고의 미덕으로 생각한다. 타인의 고통을 함께 경험할 수 없는 사람은 비인간적이라고 여겨진다. 위안은 고통을 달래고 마음을 편안하게 해주는 영혼의 치료제다. 정말 위로하는 말이 고통을 가라앉히는가? 고통으로 훼손된 마음이 위안으로 회복되는가? 사람들은 우리의 고통이 우리 각자에게 고유하다는 사실을 잊고, 위안의 말로 고통을 이겨내는 데 필요한 힘을 오히려 약화시킨 것은 아닌가?

고통을 겪는 사람의 영혼을 치유한다고 생각하는 위안은 사실 훨씬 더 교활한 질병이다. 사람들이 여전히 위안의 힘을 믿는 이유는 순간적인 효과가 있기 때문이다. 현대사회는 고통으로 가득 차 있다. 끊임없는 경쟁의 압박부터 불확실한 미래로 인한 실존적 불안에 이르기까지, 오늘날 청년들은 불만족이나 무력감, 절망감에 시달리고 있다. 사회는 이러한 고통을 덜어주려고 다양한 위안의 치료제를 제공한다. 상처받은 청년의 마음을 토닥토닥 두드리는 위로의 강연과 문화 행사가 흘러넘친다. 위안의 말을 듣는 순간 우리의 마음이 진정되는 것은 사실이다. 그러나 위안의 즉각적인 진통 효과가 사라지면 우리의 고통은 전반적으로 심각하게 악화한다. 위안은 영혼의 치료제가 아니라 진정제다. 그것은 어쩌면 개인을 자기만족에 빠뜨리고 삶의 고통에 진정으로 맞서는 데 필요한 정신력을 약화하는 마취제일지도 모른다.

고통은 결코 위안으로 사라지지 않는다. 고통은 제거돼야 할 것이 아니라 극복돼야 할 것이다. 삶 자체가 고통이라고 한다면, 고통을 제거하는 것은 삶을 제거하는 것과 다를 바 없다. 위안은 고통을 직시하지 못하게 하고, 삶을 위해 생산적으로 변형하지 못하게 한다. 위안으로 고통이 사라지지 않는다는 것을 잘 알면서도 다른 사람에게 위안받고자 하는 것은 유약함의 징표다. 이런 사람들은 위안과 동정 그리고 공감을 착한 사람의 징표로 삼는다. 착한 사람은 자신이 고통을 당할 때, 불행에 빠져 일어설 수 없을 때 어떻게든 타인의 위안을 받고 싶어서 자신도 타인을 위로한다. 착한 사람은 모든 고통이 마치 악이라도 되는 듯이 위안을 주고받지만, 위안으로 확인되는 것은 고통이 여전히 거기에 있는데도 고통을 극복할 힘이 없다는 사실뿐이다.

위안에 대한 현대인의 갈망은 사실 삶에 본질적인 의미나 가치가 없다고 믿는 허무주의의 징후다. 사람들은 투쟁과 창조의 목적을 찾지 못할 때 종교나 이념, 오락, 심지어 자기 계발 문화 같은 외부의 자원에서 위안을 구한다. 이러한 위안은 고통으로부터의 탈출을 약속하지만, 진정한 변화는 가져오지 못한다. 고대 그리스인이 비극을 통해 고통에 맞서 싸웠다면, 현대인은 고통에서 도피하고 고통을 완화하거나 진정시키려 한다.

현대인은 소셜 미디어와 엔터테인먼트를 통해 고통을 잊으려 한다. 끊임없이 쏟아지는 자기 계발과 동기 부여의 명언들은 고통스러운 자아를 달래주지만, 궁극적으로는 깊은 자기 성찰을 방해한다. 개인은 삶의 혼돈과 예측 불가능성에 맞서기보다 위안과 공감의 환상에 현혹된다.

과도한 도취의 부작용은 나중에 도취를 더는 맛볼 수 없다는 것이다. 마찬가지로 지나친 위안은 개인에게 내면의 힘을 기르기보다 외부의 인정을 추구하도록 만든다. 삶에는 근본적으로 현 상태를 극복하고 성장하려는 내적 충동이 있다. 위안은 이러한 권력의지를 약화한다. 언제 누구에게 위안받기를 바라는지 생각해보라. 그것은 부모나 연인, 권위 있는 인물일 수도 있고, 우리에게 무엇인가를 베풀기를 기대하는 제도나 국가일 수도 있다. 자신의 문제를 스스로 해결하지 못하고 타인의 권위에 의존하는 건 분명 '의지의 유아화'다. 모든 고통은 우리 자신의 고유한 개인적 문제다. 고통의 의미를 스스로 찾지 못한다면, 우리는 자신의 삶도 살 수 없다. 위안의 치료제를 믿지 않는 것이 진정한 용기다.

33 | 자신의 신념을 배신하라

《인간적인 너무나 인간적인 I》

우리는 과연 자신의 오류에 끝까지 충실해야 할까? 그것이 우리의 더 나은 자아에 상처를 입힌다는 사실을 알고 있으면서도 말이다. 아니다, 그런 의무는 존재하지 않는다. 우리는 배신자가 돼야 하고, 충실함을 거부해야 하며, 스스로 세운 이상을 반복해서 내려놓을 줄도 알아야 한다. 이처럼 고통스럽고도 불가피한 배신 없이는 삶의 한 시기에서 다음 시기로 나아갈 수 없다.

– IX 629, KSA 2, 355쪽.

신념은 미덕과 지적인 힘의 표시로 종종 칭송받는다. 무언가를 그토록 깊이 그리고 흔들림 없이 믿는 것은 존경받을 만한 것으로 여겨진다. 사회는 이념과 이상에 대한 충성, 사고의 일관성 그리고 자신의 원칙에 대한 확고한 믿음을 칭찬한다. 신의와 의리, 지조와 정조, 충성과 성실은 모두 원칙과 신념을 굽히지 않고 끝까지 지켜나가는 꿋꿋한 태도를 전제한다. 이러한 미덕에 대한 믿음이 많이 사라졌음에도 사람들은 여전히 자신의 원칙에 대한 신념은 지켜야 한다고 굳게 믿는다. 자신의 신념을 지켜야 한다는 요구는 우리를 압박하는 가장 무거운 짐에 속한다.

그러나 신념은 신성한 진리가 아니라 삶의 일시적 도구다. 믿음에 완강하게 매달리는 것은 미덕이 아니라 삶을 정체시키는 악덕이다. 삶의 흐름에 맞춰 충만하고 정직하게 살려면 우리는 자신의 신념을 기꺼이 배신해야 한다. 신념에 대한 배신이 두렵다면, 신념이 어떻게 생성되는지를 한번 시험해보라. 신념은 삶을 인식하고 이해하는 어느 한 지점에서 절대적인 진리를 소유하고 있다는 믿음이다. 젊었을 적에 진보적이고 자유주의적인 사상을 품지 않으면 가슴이 없는 사람이고, 나이가 들어서도 보수적이지 않으면 두뇌가 없는 사람이라는 말이 있다. 꿈과 야망과 열정이 왕성한 시기에 세상을 단번에 바꿀 수 있다고 믿는 진보주의 사상은 젊음에 부합하는 신념이다. 사람들은 이러한 신념이 자신의 삶에 유익하거나 적어도 자신에게 아무런 해도 끼치지 않는 한 바꾸지 않는다.

신념을 위해 삶을 희생한 사람이 많다. 그들은 절대적인 진리를 위해 그렇게 한다고 생각했다. 삶을 희생하는 진리와 신념이란 말이 되지 않는다. 삶은 그 자체 역동적인 생명이기 때문이다. 우리가 열정 속에서 자신에게 말하고 약속한 믿음이 신념이다. 열정이 식고 냉정하고 객관적인 상태에서도 지키고자 하는 신념은 아집이고 독선이다. 변화된 현실을 전혀 고려하지 않고 신념을 고수하는 것은 우상숭배다. 신념은 자신이 진실이라고 결정한 것에 대한 완고한 집착, 종종 의문도 제기하지 않는 집착을 의미하는 독단주의다. 진실의 가치를 여전히 인정하는 거짓말과 달리, 신념은 다른 대안을 고려조차 하지 않는다. 신념은 거짓보다 삶에 더 위험한 적이다. 신념은 생각을 마비시키는 까닭에 강인함의 징표가 아니라 정신적 부자유의 징표다.

그런데도 사람들은 자신의 신념에 충실한 사람에 대해서는 경탄하고 신념을 바꾸는 사람은 멸시한다. 그들은 신념의 변화로 초래될 삶과 미래를 두려워한다. 한때 신념을 만들어 낸 것이 열정이었다면, 열정 없는 신념의 변화를 불안해한다. 신념을 고수하는 사람들은 변화된 현실을 직시할 용기가 없다. 삶은 끊임없는 평가를 요구한다. 너무 오랫동안 유지된 신념은 사실 깨지기 쉽고 생명력을 잃는다. 계속 살아간다는 것, 계속 성장한다는 것은 변화에 열려있다는 것을 의미한다. 삶이란 한때 신성하게 여겼던 것을 기꺼이 의심한다는 것을 의미한다. 이러한 실존적 의심은 허무주의나 상대주의가 아니다. 그것은 삶을 고정된 조건이 아닌 하나의 과정으로 긍정하는 것이다.

　　　　사람은 성장하면 고통받고, 어려움을 겪으면서 내면의 삶이 변한다. 이런 상황에서 고정된 의견과 신념을 고수하는 것은 삶의 흐름을 거부하는 것이다. 성장한다는 것은 여러 가지 신념을 두루 거친다는 것을 의미한다. 삶의 어느 단계에서 걸린 믿음의 그물에 매달려 있는 사람은 변화한 삶을 따라가지 못한다. 우리의 의견 자체가 진실이 아니라면, 자신의 의견과 믿음을 넘어서지 않고서는 진실에 다가갈 수 없다. 신념을 바꾸는 것이 물론 고통스러울 수 있다. 자신의 신념과 원칙을 배신하는 것은 고통스럽지만, 우리는 고통을 겪지 않고서는 성장하지 못한다. 변화한다는 것은 우리의 본모습을 배반하는 것이지만, 우리의 본모습을 배반하는 것은 역설적으로 삶 자체의 본질에 충실한 것이다.

34 | 자신을 소유하지 마라

《인간적인 너무나 인간적인 II》

소유가 소유한다. 일정 수준까지는 소유가 우리를 더 자유롭고 독립적으로 만들어준다. 하지만 거기서 한 걸음만 더 나아가면, 소유는 주인이 되고 우리는 그 노예가 된다. 그렇게 되면 우리는 소유를 위해 자신의 시간과 생각을 희생하고, 특정한 인간관계에 얽매이며, 어느 장소에 묶이고, 어떤 국가에 소속됐다는 감각에 사로잡힌다. 그리고 이 모든 것은 어쩌면 우리 내면에서 가장 깊고 본질적인 욕구에 반하는 것일지도 모른다.

- 〈혼합된 의견과 잠언들〉, 317, KSA 2, 507쪽.

의미 있는 삶을 살려면 소유당하지 않으면서 소유하는 법을 배워야 한다. 무엇인가를 손아귀에 넣으려는 욕망은 인간의 자연스러운 본성이다. 생활 수단을 소유하지 않고 생명을 유지할 수는 없다. 소유는 생명의 필연적 욕구다. 사람들은 생존과 자기 보존을 위해 의식주의 생활 수단을 소유하고, 이를 유지하고 확대하기 위한 도구를 소유한다. 좋은 집에서 살고 싶다는 욕망으로 집을 늘려가고, 집을 늘리려고 부를 더 많이 축적한다. 소유에는 언제나 더 많은 것을 소유하려는 끝없는 경향이 내재한다. 이처럼 무한한 과정에서 무엇이 좋은 집인지를 망각하고, 왜 좋은 집에서 살려고 했는지를 잊으면서 사람들은 소유 자체를 삶의 목적으로 생각한다. 그렇게 소유만을 추구하는 사람은 소유의 소유물이 된다.

소유가 소유한다. 이처럼 단순하고 선명한 동어반복적 명제는 인간 자유에 관한 깊이 있는 진실을 드러낸다. 인간이 자유롭게 살려면 어느 정도의 소유가 필수적이다. 매일 먹거리를 생각하며 숲속을 헤매고 들판을 뛰어다니는 사람은 자유를 생각할 겨를이 없다. "곳간에서 인심 난다."라는 속담처럼 사람은 경제적 여유가 있어야 너그러워지고 주변에 베풀 수 있는 아량이 생긴다. 이 속담을 우리의 내면에 적용하면 "곳간에서 자유가 생긴다."이다. 톨스토이의 소설을 보면 물질이나 교육, 시간과 같은 소유물이 도덕적 발전의 전제 조건임을 알 수 있다. 굶주린 남자는 철학을 할 수 없고, 노숙하는 여자는 도덕적 행위를 할 수 없다. 소유는 단순한 물질적 생활 수단을 보장하는 것만이 아니라, 개인에게 삶의 의미에 대해 더 깊은 질문을 던질 수 있는 숨 쉴 공간을 제공한다. 소유는 존재와 자유의 도구다.

    손아귀에 있는 물건을 꼭 쥐고 놓치지 않으려는 사람은 손이 자유롭지 않다. 다른 것을 쥘 수 없다. 인류의 문명은 손이 자유로워지면서 시작됐다는 사실을 생각하면, 소유가 우리의 자유를 제한하고 구속한다는 소유의 역설이다. 언제 손을 놔야 할까? 어느 정도의 소유가 우리를 자유롭게 만들고, 어느 수준을 넘어서면 우리는 소유의 노예가 되는 것일까? 이 물음에 대한 객관적 기준은 존재하지 않는다. 우리 스스로 그 수준을 결정해야 한다. 우리에게 본성적으로 주어진 소유욕이 끝없는 욕망이라면, 우리는 소유욕의 끝을 설정해야 한다.

    우리가 설정해야 할 끝과 한계는 바로 우리가 소유하는 것이 아니라 소유당한다는 느낌이 드는 지점이다. 내가 내 삶의 주인이 아니라 노예로 전락하는 지점이 바로 소유의 한계다. 소유가 우리 자신을 소유하면 어떤 일이 벌어질까? 노예는 자신의 원칙대로 사는 사람이 아니라 다른 사람과 사회가 설정한 가치에 따라 살아가는 사람이다. 이런 사람은 아름다운 물건, 세련된 옷, 맛있는 음식, 사치스러운 집을 갈망하며 자신이 진정으로 원하는 것이 무엇인지 잊는다. '더 많이 가지고자 하는 소유욕'에 영혼을 잠식당한 사람은 그렇게 자신을 거짓 욕망과 환상으로 소유한다. 자신을 소유한 사람은 이렇게 점차 자신을 망각한다.

과도한 소유는 역설적으로 평화가 아닌 불안감을 낳는다. 소유에 집착하는 사람들은 자신의 삶뿐만 아니라 타인의 삶도 직업, 재산, 부, 지위와 같은 소유물로 판단한다. 물질적 소유에는 충분한 한계가 없다. 사람들을 불안하게 만드는 것은 소유 자체가 아니라 소유에 대한 집착이다. 다른 사람이 가지고 있는 것을 내가 아직 소유하지 못하거나, 다른 사람이 하는 걸 내가 미처 하지 못할 때 사람은 나만 기회를 놓치는 게 아닌지 강박적 불안감에 시달린다. 여기에 자기 자신은 없다.

자유로운 삶을 원한다면 자신을 소유하지 말고 자신을 찾아야 한다. 자기 삶의 주권자가 되려면, 우리는 소유의 끝이 어디인지 스스로 결정해야 한다. 빅토르 프랑클Viktor Frankl은 모든 소유를 박탈당한 강제수용소에서도 물질적 부보다 더 깊은 가치를 추구한다면 의미 있는 삶을 살 수 있다고 말한다. 소유물이 흘러넘치는 과잉 소비 사회에서 오히려 자유가 줄어든다는 것은 소유의 역설이다. 집이나 자동차의 크기가 우리의 삶을 규정하도록 내버려두지 않고, 우리의 존재 자체가 우리의 소유물을 가치 있게 만들 수는 없을까?

35 | 체험한 것을 삶으로 되살려내라

《인간적인 너무나 인간적인 II》

여행자들 사이에는 다섯 가지 등급이 있다. 첫 번째 가장 낮은 등급의 여행자는 여행하면서 오히려 관찰당하는 사람들이다. 그들은 정말로 여행을 떠났지만, 마치 눈먼 사람들과 같다. 다음 등급의 여행자는 정말로 세상을 스스로 보는 사람들이다. 세 번째 등급의 여행자는 자신이 본 것의 결과를 체험한다. 네 번째 등급의 여행자는 체험한 것을 자신의 삶에 동화시켜, 그것을 계속 지니고 다닌다. 끝으로, 최고의 힘을 가진 몇몇 사람이 있다. 그들은 자신이 본 모든 것을 체험하고 동화한 뒤 집으로 돌아오자마자 곧 그것을 자신의 여러 행위와 작업을 통해 필연적으로 다시 되살려낸다.

- 〈혼합된 의견과 잠언들〉, 228, KSA 2, 483쪽.

우리는 삶을 하나의 여행에 종종 비유한다. 너무 진부하고 일반적이어서 그저 흘려듣지만, 사실 삶의 정곡을 찌르는 말이다. 삶은 명사가 아니라 동사다. 그 끝에 도달할 수 있는 목적지가 있는 것이 아니라 매 순간이 목적지다. 이러한 사실을 인식하든 인식하지 않든, 모든 사람은 삶의 모든 여정을 지나간다. 자신으로 살아간다는 것은 우리가 이 여행을 어떻게 하느냐에 달려있다. 어떤 사람은 목적지만을 생각하며 아무런 생각 없이 걷기만 하고, 어떤 사람은 여정의 모든 단계에서 의미를 찾으며 걸어간다. 우리는 어떻게 삶의 여행을 떠나야 할까?

여행을 많이 다니면서도 아무것도 보지 못하는 사람들이 있다. 물론 그들도 계획하고 일정을 짠다. 어디에 가서 무엇을 볼지는 알고 있다. 어쩌면 그들은 유명한 곳에 관해서는 누구보다 잘 알지 모른다. 독일의 남부 도시 뮌헨에는 여름이면 나체주의자들이 모여드는 유명한 공원이 있다. 치기 어린 호기심과 관음증적 욕망으로 자연스러운 몸을 즐기는 사람들 사이로 다니다 보면 어느 순간 자신이 관찰당하고 있다는 느낌에 얼굴이 뜨거워진다. 그곳에서 그는 도대체 무엇을 보려고 했던 것일까? 보는 눈 없이 많은 곳을 그저 다니기만 하면 정작 아무것도 보지 못한다. 인생을 어떻게 살 것인지 아무런 생각 없이 살다

보면 우리의 삶은 마찬가지로 빈껍데기가 된다.

여행을 떠나기 전에 미리 머리로 여행하는 사람들은 그래도 뭔가를 본다. 여행지에 관해 미리 책을 읽고, 무엇을 볼 것인지 정하고 여행을 떠나는 사람들은 여행 자체보다 여행을 준비하는 과정에서 훨씬 더 커다란 즐거움을 느낀다. 자신이 보고 싶은 것을 현지에서 실물로 접하는 것도 기쁨이지만, 여행 전에 가지는 동경은 더 커다란 기쁨을 제공한다. 그래서 어떤 것을 간절히 그리워하던 마음은 현장에서 실망으로 바뀔 수도 있다. 그러나 이러한 계획적 여행의 단점은 따로 있다. 뜻하지 않게 일어나는 우연을 쉽게 수용하지 못하기 때문에 그 자리에서 바로 일어나는 즉흥을 놓칠 수 있다. 여행과 마찬가지로 누구나 삶을 계획하지만, 삶은 계획대로 되지 않는다. 삶을 일어나는 대로 내버려둘 수 있는 용기가 필요한 이유다.

진정한 여행은 무언가를 체험하면서 시작된다. 독일어 낱말인 '살다 leben'에 전치사를 붙이면 새로운 뜻의 낱말이 생성된다. '안으로 ein'라는 뜻의 전치사를 붙이면 '정착하다 ein-leben'라는 낱말이 생기고, '밖으로 aus'라는 전치사를 첨가하면 '마음껏 펼치다' 또는 '다 살다 aus-leben'라는 뜻의 낱말이 생긴다. 여행에서 뭔가를 체험하려면 현지인들 사이로 들어가 함께 살아야 한다. 그들의 삶 안으로 들어가지 않으면, 우리는 관찰할 뿐 체험하지 못한다. 우리의 삶도 마찬가지다. 진정한 삶을 살려면 삶 속에 뿌리를 내리고 변화하는 삶을 체험해야 한다.

무엇인가를 직접 제 몸으로 겪는다고 다 체험이 되는 것은 아니다. 경험한 것을 자기 것으로 만들어야 체험이다. 그러려면 머리로 생각하지 말고 몸으로 기억해야 한다. 마음 따로 몸 따로 논다는 것은 우리가 삶에 동화되지 못하고 겉돈다는 것을 의미한다. 다이어트는 몸이 적절한 식사량을 기억하고 조절할 때만 성공한다. 몸은 영혼보다 훨씬 더 근본적이다.

생의 한가운데서 삶이 나를 실망시키지 않았다고 자신 있게 말하려면, 우리는 체험한 것을 몸소 실험해야 한다. 여행에서 체험한 것을 여행지에 내버려두고 돌아오는 사람이 있는가 하면, 돌아오자마자 체험한 것을 되살려내고 자기 삶으로 실험하는 사람들이 있다. 어떻게 하면 잘 살 수 있을까의 문제는 자신이 좋은 삶으로 생각하는 것을 실험적으로 시도할 때만 해결될 수 있다. 삶은 이를 인식하는 수단이다. 우리는 다양한 실험으로 존재한다. 삶이 인식하는 자의 실험이 될 수 있음을 망각하고 삶을 단지 수동적으로 관찰하는 사람들이 있다. 이들은 삶을 여행하면서 그 무엇도 보거나 체험하지 못한다.

36 | 망각할 줄 알아라 《반시대적 고찰 II》

　　모든 행위 속에는 망각이 깃들어 있다. 모든 생명체가 빛과 함께 어둠을 지니듯, 지나간 일을 철저히 기억하며 살아가려는 사람은 잠을 자지 못하도록 강요당하는 이나 끊임없이 되새김질만 하는 동물과 비슷할 것이다. 다시 말해 동물이 보여주듯이 기억 없이 살아가는 것, 행복하게 살아가는 것은 가능하지만, 망각 없이 살아가는 것은 전적으로 불가능하다.

- 〈삶에 대한 역사의 공과〉, 1, KSA 1, 250쪽.

오늘날 사람들은 망각을 두려워하지만 나는 거꾸로 망각을 예찬한다. 나를 주저앉히고 거꾸러뜨렸던 과거의 일들을 잊지 않으면, 나는 다시 똑바로 서서 앞으로 나아가지 못한다. 어제의 일들이 내 발목을 잡기 때문이다. 우리는 전쟁, 자연재해, 사고와 같이 우리가 감당하거나 통제할 수 없는 매우 스트레스가 되는 사건에 대해 심리적 트라우마 반응을 보인다. 해결되지 않은 과거의 사건에 대한 트라우마는 광범위한 신체적, 정서적 증상을 유발한다. 과거는 우리의 몸과 마음에 상처를 남기고 현재를 지배한다. 어느 순간 기억된 과거의 사건은 우리를 꼼짝달싹 움직이지 못하게 만든다. 우리는 과거에 갇히면 행위를 하지 못한다.

현대 문화에서 기억과 역사는 지성과 교양, 문명 그리고 도덕적 진보의 표상으로 종종 숭배된다. 과거를 기억하고 추적하며 과거로부터 배우는 능력은 인간에게만 있는 고유한 능력일 뿐만 아니라 개인과 집단의 성장에 필수적인 것으로 여겨진다. 기억을 잘하는 사람은 인지능력이 뛰어난 것으로 평가되고, 공동체의 기억은 화합과 연대뿐만 아니라 정의의 수단으로 종종 사용된다. 기억을 많이 하는 것이 과연 좋은 것인가? 잊어서는 안 되는 사건을 규정하고 구성하는 '기억의 정치'는 잊어야만 앞으로 나아갈 수 있음을 종종 보여준다. 내 활동을 증가시키지도 않고 내 삶에 활기를 불어넣지도 않는 것을 굳이 기억할 필요는 없다. 기억의 비대와 역사의 과잉은 미덕이기는커녕 행동을 마비시키고 과거의 무게 아래 현재를 질식시키는 병이 될 수 있다.

    활동적 삶을 살려면 잊는 법을 배워야 한다. 망각하지 못하고 항상 과거에 매달려 있는 사람은 기억과 역사의 병에 걸려있는 사람이다. 과거의 모든 것을 기억하고 아무것도 망각하지 않는 사람의 삶은 어떤 모습일까? 이러한 사고실험은 삶에 대한 망각의 의미와 중요성을 일깨워준다. 아무리 빨리, 아무리 멀리 도망가도 과거의 사슬이 우리를 따라다닌다. 기억이 의식을 지배하면, 우리는 무력감과 회의주의에 빠진다. 과도한 역사적 인식은 개인을 너무 조심스럽고 비판적이며 회의적으로 만들어 결단력 있는 행동을 방해한다. 트라우마에 마비된 사람이 새로운 경험을 할 수 없듯이, 과거의 기억에 갇힌 사람은 새로운 가치를 창조할 수 없다. 기억과 역사의 과잉은 살아있는 것에 해를 끼친다.

    주권적 행위자는 새롭게 시작하는 사람이다. 그는 삶이 요구한다면 결단을 내리고 이제까지의 흐름을 바꾼다. 그는 과거를 잊고 미래로 나아간다. 인간이 자유를 실현하는 과정이 역사라면, 역사는 새로운 시작을 주도하는 사람에 의해 만들어진다. 삶을 다시 생기 있게 만드는 역사는 행동하고 권력을 가진 자에게 속한다. 따라서 행위의 인간은 과거의 역사가 삶에 봉사하는 한에서만 역사를 기억한다. 그는 무엇을 기억하고 무엇을 망각해야 하는지를 안다. 우리는 때로 아무런 불안과 권태를 느끼지 않는 동물처럼 '비역사적'으로 살아야 한다. 그것은 기억의 끊임없는 부담 없이 현재를 살아가는 존재 방식이다. 이는 과거에 대한 무지나 부정을 의미하는 것이 아니라 삶에 이바지하는 선택적 망각을 의미한다.

  물론 우리는 과거와 현재 그리고 미래로 이어지는 삶의 과정을 뛰어넘을 수 없다. 생성 과정의 저편에 있는 영원한 존재는 없다. 그러나 지금의 순간에 몰두해 현재의 내 실존에 영원성을 부여할 수 있다면, 우리는 찰나나마 역사를 뛰어넘을 수 있다. 과거의 모든 것이 응축돼 현재를 구성한다면, 현재에 집중하는 동안 우리는 과거를 기억할 필요가 없다. 거기에는 끊임없이 변화하는 삶만 있을 뿐이다. 이렇게 현재의 삶을 위해 과거와 역사에 대해 거리를 두는 것은 인간에게 고유한 '초역사적'인 것이다. 비역사적인 것과 초역사적인 것은 기억과 역사적인 것이 너무 무성해져 삶을 뒤덮는 것을 막는 해독제다. 우리는 과거에 대한 기억이 감당할 수 없는 무게가 되도록 내버려둬서는 안 된다. 우리는 살기 위해 망각할 줄 알아야 한다. 망각은 새롭게 선택하는 능력으로서 정해진 운명으로부터의 자유다.

37 | 위험하게 살아라 《즐거운 학문》

더 많은 위험에 처하고 더 생산적이며 더 행복한 인간! 왜냐하면 — 내 말을 믿어라! — 실존의 가장 큰 결실과 가장 큰 즐거움을 거두는 비결은 다음과 같기 때문이다. 위험하게 살아라! 그대들의 도시를 베수비오 화산의 비탈에 세워라! 그대들의 배를 미지의 바다로 보내라! 그대와 동류의 인간들과 싸우면서, 그리고 그대들 자신과 싸우면서 살아라! 그대들 인식하는 자들이여, 지배자와 소유자가 될 수 없다면 약탈자와 정복자가 돼라!

– IV 283, KSA 3, 526쪽.

위험을 회피하는 시대에 용기가 필요할 리 없다. 현대사회는 인간의 근본적인 지향점을 위험과 투쟁에서 편안함과 위험 회피로 전환했다. 자본주의와 자유민주주의가 맞물려 발전하는 과정에서 기술 발전과 사회제도 그리고 복지국가는 안전을 최우선 가치로 삼는 세상을 만들어냈다. 어떤 사회학자는 현대를 '위험 사회'라고 규정하지만, 현대사회는 그보다 미래의 안전에 점점 더 관심을 쏟아 미래의 위험을 미리 연출함으로써 위험 자체를 제거하고자 하는 '위험 회피 사회'다. 우리의 삶에서 위험 자체를 제거하려는 노력의 결과로 열정보다 예방, 창의성보다 순응, 적극적인 노력보다 소극적인 만족을 중시하는 문화가 생겨났다. 위험이 없는 사회, 엄밀하게 말하자면 위험을 회피하는 사회에 용기라는 전통적인 미덕이 있을 수 없다.

고대 그리스에서 용기는 군사적 덕성이자 도덕적 미덕이었다. 그것은 죽음에 맞서고 고난을 견뎌내며 혼돈 속에서도 도덕적 정직성을 유지하는 능력을 의미했다. 고대 그리스인은 안전을 당연하게 여기지 않았다. 그들의 삶은 전쟁과 정치적 격변 그리고 실존적 불확실성으로 점철됐다. 고대 그리스인은 늘 커다란 위험과 대격변의 삶을 살면서도 삶에 대한 성찰에서 일종의 감정적 안정감을 찾으려고 노력했다. 비교도 안 될 정도로 훨씬 더 안전한 상태에서 살고 있는 우리는 위험을 사고와 계산과 예측의 대상으로 삼아 삶 자체에서 위험으로부터의 안식처를 찾으려고 애쓴다. 고대 그리스인이 위험한 상황에서도 고결하게 행동할 수 있는 사람들을 존경하는 문화를 발전시켰다면, 우리 현대인은 안전 자체를 삶의 목적으로 생각하기에 용기라는 미덕을 알지 못한다.

이런 현대인에게 '위험하게 살라!'는 권고는 악의적인 도발로 들린다. 용기를 다시 영예로 존중할 전사적인 시대가 다가온다는 말은 시대착오적인 예언으로 들린다. 무엇을 위해 누구와 싸우란 말인가? 오늘날 용기 있게 행동한다는 건 도대체 무엇을 의미하는가? 자유민주주의와 과학적 합리주의 그리고 소비 자본주의로 형성된 현대사회는 개인을 혼돈과의 직접적인 대결로부터 대체로 보호해왔다. 평화가 비교적 길게 유지되는 시기에 사람들은 전쟁이 일어나지 않는다고 착각한다. 우리가 싸워야 할 적이 사라진 사회에서 무엇을 위해 용기가 필요한가? 안전을 당연한 권리로 생각하는 현대인은 고통이나 모호함 또는 영적 갈등에 맞서도록 더는 훈련받지 않는다. 그들은 오히려 그것들을 피하도록 가르침을 받는다. '위험한 것은 하지 말라!'는 현대의 명령은 개인의 실존적 깊이를 약화한다.

왜 우리는 위험하게 살아야 하는가? 니체의 도발적 권고는 결코 무모한 모험주의나 비이성적인 위험 감수를 촉구하지 않는다. 무엇이 위험한지 아는 것이 용기다. 니체의 의미에서 용기는 단순한 육체적 용기가 아니다. 현대인은 실존적 위험으로부터는 대체로 보호받는 동시에 그만큼 정신적 무기력에 노출돼 있다. 전통적인 신체적 위험은 감소했지만 도덕적, 정서적 위험은 증가했다. 인기 없는 진실을 말하고, 이념적 순응에 저항하며, 편의성보다 진정성을 선택하는 것은 이제 엄청난 용기를 요구한다.

자신의 삶을 살고자 한다면 진정한 삶을 위해 필요한 용기가 무엇인지를 알아야 한다. 남에게 보이기 위한 삶을 사는 대신 보이지 않는 자기 삶에 결연하게 만족하려면 용기가 필요하다. 승리했을 때는 관대할 줄 알고 패배한 자들의 작은 허영심에 관용을 보이는 데도 용기가 필요하다. 자신의 소유욕을 근절할 수 없음을 잘 알면서도 소유에 한계를 설정하는 것도 진정한 용기다. 기후 변화의 문제를 잘 알고 있으면서도 "지금 할 수 있는 일은 없어."라고 말하는 냉소주의를 거부하고 자신이 할 수 있는 작은 일을 찾는 것도 용기다. 용기란 존재에 열려있고 보장 없이 행동하며 다른 이들이 물러서는 곳에서도 과감하게 나아가는 것이다. 깊이 생각하고 인기 없는 삶을 감수하며, 피상적인 성공에 저항하고 필요한 순간에 고독을 받아들이는 용기가 가장 필요할 때는 바로 나 자신과 싸울 때다.

38 즐거움 없이 일하기보다는 차라리 권태를 원하라

《즐거운 학문》

　　세상에는 아주 드물게, 일에서 즐거움을 느끼지 못하느니 차라리 죽음을 택하겠다는 사람들이 있다. 이들은 기쁨과 연결돼 있을 때만 일과 고난을 기꺼이 받아들인다. 필요하다면 가장 힘들고 가장 고된 일도 감수한다. 그러나 그 외의 경우라면, 가난이나 불명예, 심지어 건강과 생명의 위협이 따르더라도 기쁨 없는 일보다는 차라리 권태를 선택한다. 이들은 권태보다 즐거움 없는 일을 더 두려워한다. 아이러니하게도, 그들이 하는 일이 진정으로 성공하려면 때때로 오랜 권태를 견뎌야만 한다.

- I 42, KSA 3, 409쪽.

"즐거움 없이 일할 바에는 차라리 게으름을 피워라." 니체의 이 말은 직장에서 맡은 업무만 최소한으로 하고 그 밖의 회사 일에는 관여하지 않겠다는 '조용한 퇴직'을 권유하는 것처럼 들린다. 조용히 일에서 물러나기로 한 이러한 태도에는 "당신의 일이 곧 삶이 아니고 당신의 가치는 성과로 결정되지 않는다."라는 확신이 밑바탕에 깔려있다. 일은 수단이지 그 자체 목적이 아니다. 즐겁게 일하는 게 최고다. 현대인은 일할 때는 자신으로 살지 못하기 때문에 일을 최소한으로 해야 자신의 삶을 살 수 있다고 생각한다. 마치 삶과 일이 대립한다는 것처럼, 그들은 삶의 질을 증대시키기 위해 일을 줄이려고 노력한다.

　　일은 삶을 위한 필연적 수단이다. 일은 진정한 삶을 살기 위한 소득을 가져다준다. 왜 살아야 하는지 삶의 목적에 관한 확실한 인식이 없는 사람은 일은 본래의 목적이 아니라고 인식하면서도 계속해서 일을 더 많이 한다. 목적 없는 사람에게는 수단이 목적이지만, 그것은 공허하고 모순적인 목적인 까닭에 의미 없는 노동만 계속한다. 이런 사람들은 한결같이 어쩔 수 없이 하는 일이니 즐겁기라도 해야 한다고 주장한다.

　　현대사회에서 일은 이상적으로 열정적이고 성취감 넘치며 자극적이어야 한다는 인식이 자리 잡고 있다. '좋아하는 일을 하라'는 기업의 이상부터 유연한 자기 표현을 약속하는 프리랜서의 임시적 선호 경제에 이르기까지, 사람들은 지루함에서 벗어나 기쁨을 추구하도록 훈련받는다. 그러나 이러한 과정에서 역설적인 현상이 발생한다. 즐거운 일을 추구할수록 사람들은 권태와 단조로움, 지루함과 고요함을 견디지 못한다. 현대인들은 권태를 혐오한다.

그러나 권태를 알지 못하면 일의 진정한 즐거움도 알지 못한다. 즐거움은 편안함이나 안락함이 아니다. 그것은 투쟁과 모험 그리고 극복에 뿌리를 두고 있다. 따라서 일의 즐거움은 즉각적이거나 지속적인 것이 아니다. 배우고 연습하며 실패하고 다듬어가는, 느리고 좌절감을 주며 심지어 지루하기까지 한 단계들을 견뎌낸 후에야 비로소 느낄 수 있는 것이 즐거움이다. 이런 의미에서 권태는 고통스러운 동시에 진정한 자기를 만나는 실존적 고통이다. 권태가 없다면 성찰도 변화도 없다. 권태는 삶의 의미의 잠복기다.

권태로울 때 우리는 어떤 일이나 상태에 시들해져 싫증이 나고 지루해진다. 일이든 대상이든 사람이든 우리가 같은 것에 오래 머물 때 권태가 발생한다. 우리는 어떤 것도 흥미롭거나 매력적으로 경험하지 못한다. 모든 것이 무의미해 보이고, 시간은 공허하게 느껴진다. 심오한 권태 속에서 세상은 우리에게서 멀어진다. 권태 속에 남은 것은 지루함을 느끼는 자기 자신뿐이다. 권태 속에서 우리가 견뎌야 하는 것은 우리 자신이다. 권태는 세상과 멀어지지만 자기 자신과는 가까워지는 기회다. 그러나 권태와 자기 자신을 견딜 수 없는 사람은 끊임없이 자신을 자극하고 간질이는 욕망으로 도피한다.

　　　　권태를 견뎌낼 수 없다는 것은 삶의 더 깊은 진실에 맞설 내적 자원이 없다는 것을 의미한다. 이는 자신의 존재를 창의적으로 형성하기보다 끊임없이 즐거움이나 사회적 인정을 추구하며 수동적으로 반응하면서 사는 것을 의미한다. 권태는 실존적 도전이다. 창조적인 정신을 가진 사람들은 즐거움 없는 일을 두려워하지, 권태는 두려워하지 않는다. 권태는 순조로운 항해와 즐거운 바람에 선행하는 불쾌한 무풍의 시간이다. 이것을 견뎌내고 그 결과를 끝까지 기다릴 줄 아는 사람만이 즐거운 항해를 즐길 수 있다.

　　　　지루함을 피하지 않고 견뎌낼 때 우리는 의미 있는 일이 요구하는 규율과 반복에 몰입한다. 지루함을 동반하지 않는 일은 없다. 즐거움은 일이 쉬울 때가 아니라, 좌절의 계곡을 헤쳐나가 힘과 자존감을 얻었을 때 생겨난다. 내면에서 자신에게 좋은 무언가를 할 수 있는 힘을 느낄 때, 우리는 진정한 즐거움을 느낄 수 있다. 권태는 바로 자신의 내면을 더 깊이 파고들 기회다. 권태를 단지 몰아내려 애쓰는 것은 기쁨 없이 일하는 것만큼 천박한 짓이다.

39 | 순간을 긍정해야 자신의 실존을 긍정한다

《유고(1886년 말-1887년 봄)》

우리가 자기 자신에게 만족하는지는 그리 중요한 문제가 아니다. 정말 중요한 것은 우리가 삶 전체에 대체로 만족하고 있는가 하는 점이다. 우리가 단 하나의 순간에 대해 진심으로 "예"라고 말할 수 있다면, 그 긍정은 우리 자신을 넘어 모든 존재 전체를 향한 긍정이 된다. 왜냐하면 우리 자신이든 어떤 사물이든 그 자체로는 결코 독립적으로 존재하지 않기 때문이다. 그리고 우리가 지금 이 순간에 "예"라고 말한다면, 그와 함께 모든 영원도 인정받고 구원받으며 정당화되고 긍정되는 것이다.

- KSA 12, 7(38), 307쪽.

일상의 소소한 일에 만족하지 못하는 사람은 결코 자신에게 만족하지 못한다. 저녁노을이 붉게 타오를수록 더욱 짙게 깔리는 앞산의 어둠을 함께 바라보는 순간 마음이 흡족했던 적이 있다. 그윽한 차의 향 때문이었을까, 언제나 곁에 있는 동반자 때문이었을까, 어스름 속에서 산과 호수가 빚어내는 독특한 분위기 때문이었을까? 내가 만족해하는 것은 차 한잔, 저녁노을, 함께 있는 사람의 체취와 따뜻함 같이 소소한 일과 사물들이다. 이러한 기쁨을 느끼는 순간 나는 나 자신을 긍정한다. 나는 현재의 기쁨을 긍정하는 것이 아니라 이 기쁨으로 이어진 모든 여정, 즉 실패와 의심과 외로움을 긍정한다. 이 순간을 긍정함으로써 나는 자신의 존재 전체, 더 나아가 자신을 만들어낸 세상 전체를 긍정한다.

　　　자기 자신에게 만족하지 못하고 자신을 긍정하지 못하는 사람은 대체로 삶의 순간을 긍정하지 못한다. 그는 차 한잔도 함께 즐기지 못하고 언제나 그 이상을 소망한다. 뭔가를 바라보면서도 그 이상의 것을 바라는 게 바로 소망이다. 바라는 자는 바라보지 못한다. 차 한잔 함께하는 동반자의 소중함을 잊고, 저녁노을의 경치도 즐기지 못한 채 언제나 이상이 이뤄지기만을 간절히 원한다. 허무주의자는 인간의 온갖 이상을 경멸한다.

모든 인간적 이상의 뒤에서 아무것도 발견하지 못하기 때문이다. 사람들이 추구하는 이상의 배후에는 오히려 병든 것, 비겁한 것, 피곤한 것, 비합리적인 것, 무가치한 것만이 숨겨져 있다. 다 마셔버린 인생의 빈 잔에는 온갖 종류의 쓰레기만이 가득하다. 인생의 순간을 긍정하지 못하고 이상을 소망하면, 인생의 잔에는 불만족의 찌꺼기만 쌓인다.

바라기만 하고 바라보지 않는 인간은 존경받지 못한다. 그는 영원히 만족하지 못한다. 행동하지 않고 소망만 하기 때문이다. 우리가 존경하는 사람들은 대개 행동하는 인간이다. 행동하는 인간의 활동적 삶은 존경심을 불러일으킨다. 어떤 인간을 정당화하는 것은 그의 현실이고 실재 모습이다. 현실의 실재가 그를 영원히 정당화한다. 내가 지금 그리고 여기에 존재한다는 게 내 책임은 아니다. 내가 이러저러한 성질을 갖고 있고, 이러저러한 상황과 환경에 처해 있다는 것도 내 책임이 아니다. 내가 원해서 내 존재가 있는 것이 아닌 것처럼, 나는 특별한 의도나 의지나 목적의 결과가 아니다. 우리는 인류의 이상이나 행복의 이상 또는 도덕의 이상에 도달하려는 시도에 이용당하고 있는 것도 아니다. 우리의 실존을 어떤 이상이나 목표로 돌리려는 건 어리석은 일이다. 우리는 삶을 위해 목적이라는 개념을 고안했지만, 사실 목적이라는 것은 존재하지 않는다.

우리가 실존하는 목적은 실존 자체에 있다. 삶 밖의 어떤 목적 때문에 우리가 실존하는 것이 아니다. 그러나 존재한다는 것은 고립되는 것이 아니다. 우리의 실존은 거대한 관계의 연결 고리 안에 서있다. 우리 존재의 숙명은 과거에 존재했고 또 미래에 존재할 모든 것의 숙명과 분리될 수 없다. 인간의 탄생과 성격, 투쟁 그리고 기쁨은 개인의 통제를 훨씬 뛰어넘는 힘, 즉 역사와 자연, 사회 그리고 우연에서 비롯된다. 따라서 자신을 긍정하는 것은 자신의 실존을 가능하게 만든 모든 인과관계 전체를 긍정하는 것이다. 사람들은 전체에 속하며 전체 안에 존재한다.

전체의 외부에 존재하는 것은 아무것도 없다. 누구도 내 실존을 판단하고 단죄하지 못한다. 내 존재는 필연이며 숙명이다. 내가 이 세상에 존재하는 것은 우연처럼 보이지만, 사실은 서로 얽혀있는 세상 전체의 표현이다. 세상이 지금처럼 존재하기에 내가 지금의 나로 존재하며, 내가 없다면 세상은 지금과 같지 않을 것이다. 그러므로 내가 내 실존을 긍정하지 않을 이유가 없다. 자기 자신에게 온전히 "예"라고 말하려면, 세상 전체에 온전히 "예"라고 말해야 한다. 세계 긍정은 단순히 삶의 짐을 견뎌내는 것이 아니라 그 짐을 의미 있는 것으로 정당화하는 것이다. 지금 순간이 의미 있다면, 우리는 동시에 우리의 실존을 긍정할 수 있다.

40 | 자신의 성격에 스타일을 부여하라 《즐거운 학문》

　　자신의 성격에 스타일을 부여하는 것은 위대하면서도 드문 예술이다. 이를 실천하는 사람은 자신의 본성이 지닌 힘과 약점을 면밀히 살펴본 뒤, 그것들을 하나의 예술적 계획에 따라 다듬는다. 그렇게 해서 그는 자신의 삶 전체를 예술과 이성으로 구성하고, 심지어 약점마저도 하나의 아름다움으로 빛나게 만든다.

― IV 290, KSA 3, 530쪽.

오늘날 사람들은 성격 있는 사람에게 끌리면서도 성격을 키우지 않는다. 거친 성질을 부리는 버릇을 '성깔'이라고 하고, 불만이나 분노 따위를 이기지 못하고 화를 내는 사람을 보고 '성질머리' 더럽다고 한다. 어떤 사람이 거칠고도 조야한 일관성을 보이는 게 가장 흐릿한 눈에도 분명하게 드러날 때, 우리는 존경심을 담아 "이 사람이야말로 개성 있는 인물이다!"라고 말하는 경향이 있다. 반면에 심오한 정신의 소유자가 섬세하게 자신을 드러내고 보다 높은 일관성을 보여주면, 사람들은 그를 개성 있는 존재로 보지 않는 경향이 있다. 이렇게 성격이라는 낱말은 부정적 어감으로 사용된다. 성격이 더러워야만 보인다면, 성격은 우리가 추구해야 할 가치가 더는 아닌 것이다.

이와는 달리 현대사회에서 '개성'은 찬양받지만, 실제로는 비슷한 옷을 입고 비슷한 말투를 쓰며 비슷한 꿈을 꾸는 사람이 넘쳐난다. 개성은 내면의 문제가 아니라 외면의 문제다. 오늘날 사람들은 하루에도 수십 번씩 소셜 미디어에 자신의 삶을 기록하고 공유함으로써 다른 사람들의 인정을 얻으려고 연출된 자아를 끊임없이 생산한다. 현대인은 단순히 존재하는 것이 아니라 '어떻게 보일 것인가'를 연출하는 존재로 살아간다. 이러한 연출은 한편으로는 자아 표현의 수단이지만, 다른 한편으로는 성격의 진정한 형성을 방해하는 심각한 문제를 일으킨다.

　　자아가 상품화된 현대사회에서 개성은 표준화되고 획일화된다. 개성의 과도한 연출이 결국 진정한 개성을 파괴한다. 내가 진짜로 느끼는 것과 보여주고 싶은 것 사이에 거리가 생기고, 점점 더 타인이 기대하는 나에 맞춰 자신을 조작한다. 다른 사람의 기대에 지나치게 의존하면, 우리는 자신의 진정한 감정과 욕구를 억압하게 된다. 시간이 지날수록 진짜 나는 소외되고 연출된 가짜 자아만이 기형적으로 성장한다. 이렇게 현대인은 끊임없이 자기 자신을 구성하고 연출하지만, 이 과정에서 진정한 내적 확신을 상실한다. 개성을 추구하는 현대사회는 역설적으로 '성격 없는 사회'다. 이러한 시대에 자기만의 고유한 성격을 갖는다는 것은 단순한 취향의 문제가 아니라 존재 자체를 가꾸는 예술 행위다.

　　"자신의 성격에 스타일을 부여하라."는 니체의 명제는 도발적이다. 니체가 말하는 스타일은 타인의 시선을 의식해 만든 표면적 이미지가 아니다. 그것은 삶 전체를 하나의 작품처럼 조율하는 일관성이다. 오늘날 진정한 성격을 갖는다는 것은 끊임없이 변화하는 세계 속에서 자신을 '하나의 작품'처럼 창조하고 유지하는 고도의 작업이다. 진정성은 경험하는 것, 인식하는 것, 표현하는 것 사이에 깊은 일치를 이룰 때 드러난다. 그러므로 진정한 개성이란 외부로부터 주어진 기대에 반응하는 것이 아니라, 내면 깊은 곳에서 오는 삶의 충동을 외부 세계와 일치시키려고 노력할 때 형성된다. 우리의 삶에 일관된 스타일을 부여하지 않고서는 현대사회에서 인간은 결국 자아를 잃어버린 소비자로 전락한다.

우리는 우리의 충동을 정원사처럼 관리하면서 성격을 발전시킨다. 삶의 터전에도 양식이 발견된다. 북유럽 도시의 건축 양식에서는 규칙성과 복종에 대한 일반적인 열정이 드러나고, 남유럽의 건축 양식에서는 규칙을 싫어하고 모험을 추구하는 인간의 성격이 골목마다 드러난다. 마찬가지로 우리는 우리의 본능과 충동과 욕구를 스스로 자라게 하고 이곳저곳을 약간씩 꾸미고 관리할 수 있으며, 또 그것들을 울타리가 있는 정원에서 자라나는 아름다운 과일처럼 생산적이고 유용한 것으로 키울 수 있다.

자신의 성격에 스타일을 부여하려면 우리는 자신의 욕망과 본능을 정직하게 알아야 한다. 무엇을 진심으로 즐기고 무엇을 혐오하는지, 어떤 상황에서 생기가 돌고 어떤 때 무기력해지는지 세밀히 관찰해야 한다. 자기만의 리듬과 스타일은 거창한 목표가 아니라 작은 습관에서 시작된다. 삶의 고유한 스타일은 한 번의 위대한 결단도, 눈부신 성공도 아니다. 그것은 작은 것, 보이지 않는 습관의 끊임없는 반복 속에서 태어난다. '돼야 할 사람이 되기 위해, 돼서는 안 될 많은 사람을 거치는 매일매일의 역사가 자신만의 성격을 만든다.'

V.

자유롭게 살고 죽기 위한
10개의 충돌하는 말

41 | 그릇된 사랑은 고독을 감옥으로 만든다

《차라투스트라는 이렇게 말했다》

어떤 사람은 자신을 찾으려고 이웃에게로 가고, 또 다른 사람은 자신을 잃고 싶어서 이웃에게로 간다. 그대들 자신에 대한 그대들의 그릇된 사랑은 고독을 감옥으로 만든다.

- I 16, 〈이웃 사랑에 대하여〉, KSA 4, 78쪽.

　　　　　모든 사람은 근본적으로 혼자 태어나서 혼자 죽는다. 모든 사람은 홀로 존재하는 까닭에 고독은 어쩌면 인간의 근본적인 정서일 것이다. 그러나 탄생과 죽음을 해석하는 사회적 관습의 변동에 따라 '혼자 있음'의 의미는 근본적으로 변화했다. 태어나서 죽을 때까지 가족의 역할, 사회적 관습, 공동체의 기대 및 종교적 의무를 따라야 했던 전통 사회에서 우리의 삶은 대부분 미리 정해져 있었다. 삶의 대부분이 공동체의 관계 속에서 이뤄졌기 때문에 '외로움'은 드물었다. 소속감을 찾을 필요가 없었다. 소속감 속에서 태어나기 때문이다. 정체성은 관계적이어서 누군가 설령 감정적 고립을 경험하더라도, 그 경험은 개인의 자기 정의의 부담을 짊어지지 않기 때문에 실존적 문제가 되지 않았다.

　　　　　현대인은 태어나고 죽을 때만 혼자 있는 것이 아니라 생애의 모든 과정을 홀로 헤쳐나간다. 사회가 발전하면서 우리가 따라야 하고 따를 수 있는 공통의 길은 더는 존재하지 않는다. 자신의 길은 스스로 개척해야 한다. 직업, 결혼, 신념, 정체성 모두를 스스로 선택해야 한다. 자유가 증대하면서 개인의 책임과 부담 또한 증대하고, 이 모든 것은 개인의 실존적 불안을 초래한다. 사회관계가 복잡해질수록 사람들은 점점 더 '나 홀로'

산다. 현대화가 개인화라면 개인화는 결국 고립화다.

이렇게 혼자 있음의 의미는 변화한다. 전통 사회에서는 육체적으로 혼자 있는 경우가 거의 없었기 때문에 전통적인 고독은 집단으로부터의 일시적인 고립이었다. 언제나 관계 속에 연결돼 있다는 느낌을 동반하는 고독은 외로움을 산출하지 않는다. 현대인은 혼자 있음의 의미를 스스로 창조해야 한다. 혼자 있는 것이 연결될 가치가 없음을 의미한다면, 고독은 타인과 함께하지 못하는 것 이상의 의미를 갖는다. 고독은 사회적으로 버려졌다는 느낌의 외로움이 된다.

현대인에게 외로움은 실존적 조건이다. 차라투스트라가 서른이 되자 고향을 떠나 산으로 들어가 자신의 정신과 고독을 즐긴 것처럼, 전통 사회에서 사람들은 자신을 발견하고 정신을 고양하려고 자발적으로 고독을 선택했다. 현대인은 필연적으로 혼자이기에 고독의 의미를 스스로 찾아야 한다. 현대인은 어느 것과도 연결되지 않은 까닭에 연결되려고 하고, 이러한 연결에서 소속감을 느끼려고 한다. 현대인은 자신을 찾으려고 이웃에게로 달려가는 것이다. 이웃은 공간적으로 가까이 있는 사람이다. 그러나 공간적 거리를 좁힌다고 친밀감과 유대감이 자동으로 생겨나는 것은 아니다. 소셜 미디어는 연결의 환상을 만들어내면서 오히려 고립감을 더욱 느끼게 만들고, 그렇게 외로움을 심화시킨다.

이웃에게서 자신을 찾는 사람은 사실 자신을 잃고 싶어서 이웃에게로 달려간다. 자신을 잃고 싶다는 게 도대체 무슨 말인가? 외로움은 근본적으로 연결을 원하지만 혼자 있을 때 생기는 고통스러운 감정인 동시에, 혼자 있음을 불편해하는 감정이다. 혼자 있으면 어쩔 수 없이 자기 자신과 대면해야 한다. 이러한 대면이 의미 있는 대화로 발전하기도 하지만, 자기 내면을 들여다볼 힘과 용기가 없다면 더욱 혼란과 불안을 초래한다. 이런 경우 사람들은 자신에게서 도피해 이웃 사람들에게로 달아난다. 그들에게 좋은 말을 하고 또 좋은 말을 들음으로써 자신을 잊으려 한다. 이렇게 어떤 사람들은 자신의 깊은 곳을 두려워해 사회로 도피한다.

      고독은 내면의 자아와 마주할 수 있는 자에게만 삶의 원동력이 된다. 고독은 언제나 내면의 혼돈에 맞설 용기와 강한 자아의식을 요구한다. 자신을 진정으로 사랑하는 사람만이 고독을 견뎌낼 수 있다. 건강한 자기애가 없다면 고독은 외로움과 부족함만을 드러내는 거울이 될 뿐이다. 고독을 긍정적으로 해석하려면 삶의 목적이 있어야 한다. 진정한 고독은 삶을 성찰하려고 의도적으로 선택된 혼자 있음이다. 이러한 목적이 없다면 고독은 종종 우리의 삶을 지치게 만드는 외로움의 감옥이 된다. 나는 오늘 무엇을 위해 혼자 있는가?

42 | 자기 자신을 높은 곳에 세우려면 평등을 경계하라

《차라투스트라는 이렇게 말했다》

삶은 기둥과 계단을 만들어 자기 자신을 높은 곳에 세우려고 한다. 삶은 아득히 먼 곳을 바라보며 행복한 아름다움을 추구한다. 그러므로 삶에는 높이가 필요하다! 그리고 삶에는 높이가 필요하기에 계단이 필요하고, 계단과 이 계단을 오르는 자들의 모순이 필요하다! 삶은 오르기를 원하며, 오르면서 자신을 극복하려고 한다.

- II 7, 〈타란툴라에 대하여〉, KSA 4, 130쪽.

고독을 견디지 못하고 이웃에게 달려가는 사람들은 모두 평등을 주장한다. 이웃이 나와 동등하지 않다면 나는 그와 관계를 맺을 수 없다. 내게 부족한 소속감을 주고 사회에 연대감을 구축하려면 모든 사람이 평등해야 한다. 직업에 귀천이 없듯이 고귀함과 비천함, 강함과 약함, 좋음과 나쁨의 구별이 있어서는 안 된다. 평등에의 의지가 현대사회를 지배한다. 우리는 평등하지 않은 모든 자에게 복수하고 모욕을 주고자 한다. 우리는 왜소하고 하찮은 자들에게 평등한 권리를 주기만 한 것이 아니다. 평등은 이제 그들의 권력이 됐다.

과거 전통 사회의 귀족주의적 신분제가 폐지되고 모든 사람이 자유롭고 평등한 민주 사회로 전환하면서, 자유와 평등은 사회를 구성하는 기본 원리가 됐다. 기본권, 인간 존엄, 정치적 정의, 문화적 포용은 모든 사람이 근본적으로 평등하게 대우받아야 한다는 생각에 기반을 두고 있다. 귀족 사회가 가치의 높낮이가 있는 수직적 사회였다면, 민주 사회는 가치가 평준화된 수평적 사회다. 현대인은 궁극적으로 평등을 최고의 선으로 생각하고, 중간과 평균을 가장 가치 있는 것으로 평가한다. 그것이 다수의 무리가 살아가는 방식이다.

평등이 사회를 구성하는 원칙이라는 것과 최고의 선

이라는 것은 전혀 다르다. 차이를 인정하면서도 서로를 인간답게 대하는 게 평등의 원칙이라면, 어떤 차이도 인정하지 않고 모든 가치를 평준화하는 것이 바로 최고선으로서의 평등이다. 평등이 최고의 가치인데 다른 가치가 무슨 대수인가? 사회가 수평화되면서 발생한 이 미묘한 차이를 감지하는 사람은 드물다. 평등이 가치가 되면 결국 모든 가치를 파괴한다는 역설을 정확하게 짚어낸 철학자가 바로 니체다.

　　　　　사회를 구성하는 사람은 다양하다. 다양하다는 것은 그들의 가치가 다르다는 것을 의미한다. 다양한 가치를 가진 다수의 사람으로 구성된 사회가 가치의 다양성을 인정하지 않고 오히려 평준화하거나 하나의 가치로 획일화한다면, 그것은 평등의 폭정이다. 귀족이 사라지면서 귀족적 판단도 함께 사라졌다. 귀족적 판단과 함께 가치의 차이도 사라진 것이다. 이제는 판단에서 가치를 제거하는 것이 정의라고 선전한다. 텔레비전을 보라. 화면에는 온갖 천박한 일도 좋은 말로 포장된다. 차별 언어가 철저하게 배제되고, 성적 표현과 폭력적 장면은 제한된다. 사람은 모든 약자에게 친절해야 하고, 문제가 있어도 정치적 올바름을 실천해야 한다. 간단히 말해 가치판단을 해서는 안 된다.

　　　　　가치판단을 하지 않는다고 천박함이 사라지는 것은 아니다. 섹스와 폭력적 장면을 모자이크 처리한다고 해서 성과 폭력이 사라지지 않는 것처럼, 가치를 평준화한다고 해서 가치의 위계가 완전히 사라지는 것은 아니다. 현대인은 평등을 추구하면서도 한결같이 '나만의 삶'을 살려고 한다. 유일무이한 자신의 삶을 살려면 자신의 가치가 있어야 한다. 자기 자신을 높은 곳에 세운다는 것은 남들과는 다른 자신만의 가치대로 산다는 것을 의미한다. 지위와 연봉을 자랑하고 좋은 음식과 여행을 은연중에 과시하는 사람을 속물로 여기고 천박하게 평가하지 않는다면 어떻게 자신의 삶을 산다는 말인가! '그래, 너희는 배부른 돼지로 살아라. 나는 배고픈 소크라테스로 살겠다!' 라는 가치판단이 없다면, 어떻게 자신의 존엄을 지킬 수 있는가?

니체는 고귀한 자신의 우월감을 표현하고 가치를 창조하고 가치의 이름을 새기는 귀족적인 사람의 태도를 '거리의 파토스das Pathos der Distanz'라고 부른다. 좀 더 높은 곳에 있는 사람이 좀 더 낮은 곳에 있는 사람을 낮춰보며 저급하다, 천박하다, 비속하다고 평가할 줄 아는 것이 바로 오늘날 필요한 거리두기다. 오늘날 사람의 높낮이를 결정하는 것은 신분이 아니라 가치다. 아파트의 평수와 자동차의 크기가 아니라 사람이 가진 가치가 고상함과 천박함을 결정한다. 따라서 거리의 파토스는 정치적이고 경제적인 문제가 아니라 실존적이고 심리적 차원의 문제다. 오늘날 홀로 선다는 것, 자신의 힘으로 살아야 한다는 것, 독자적인 존재가 된다는 것, 고귀하게 산다는 것은 '위대함'의 문제다. 돈이 지배하는 사회에서 과연 귀족적 위대함이 가능한가?

43 | 고독이 끝나는 곳에서 시장이 시작된다 《차라투스트라는 이렇게 말했다》

달아나라, 내 벗이여. 그대의 고독 속으로! 내가 보기에 그대는 위인들의 소음에 귀먹고 소인배들의 가시에 마구 찔리고 있다. 숲과 바위는 그대와 더불어 기품 있게 침묵할 줄을 안다. 다시 그대가 사랑하는 나무처럼 돼라. 그 나무는 조용히 귀 기울이며 바다 위로 넓은 가지를 펼치고 있다. 고독이 끝나는 곳에서 시장이 시작된다. 그리고 시장이 시작되는 곳에서 위대한 배우들의 소음과 독파리 떼의 윙윙거림이 시작된다.

— I 12, 〈시장의 파리 떼에 대하여〉, KSA 4, 65쪽.

오늘날 우리의 모든 삶은 시장에서 이뤄진다. 도시나 마을의 중심부에 위치해 일상생활의 리듬과 밀접하게 연관됐던 시장은 사회가 디지털화하면서 우리의 안방으로 들어왔고, 어쩌면 우리의 머릿속까지 침투했는지도 모른다. 전통 사회에서 시장은 사람들이 상품과 서비스뿐만 아니라 뉴스, 아이디어, 이야기를 교환하는 물리적 공간이었다. 시장은 가치를 창조하는 공동의 장이었다. 우리 삶의 구체적인 필요를 충족하는 무언가는 그 용도와 사용에 따라 삶의 질과 연결됐다.

자본주의 사회에서 시장은 근본적인 변화를 겪었다. 이러한 변화의 의미를 마르크스와 니체처럼 정확하게 짚어낸 철학자도 없다. 마르크스는 자본주의 시장이 인간 노동을 상품화해 사람들을 단순한 이윤의 도구로 전락시킨다고 비판한다. 시장은 경제적 착취와 인간 소외를 만들어내는 공간이다. 우리가 착취와 소외라는 말에 둔감해지고 냉소적으로 될수록 이러한 비판은 힘을 잃는다. 시장의 발전을 문화적 쇠퇴의 징후로 읽는 니체의 관점이 훨씬 더 예리하고 신랄하다. 시장은 위대함을 포기하고 평범함과 안락함을 추구하는 마지막 인간을 생산해 가치 자체를 무의미하게 만든다.

시장은 이제 필요의 공간이 아닌 스펙터클의 공간이

됐다. 광고와 마케팅의 등장으로 교환가치가 사용가치를 능가했다. 브랜딩, 스토리텔링, 포장이 실용적인 기능을 앞지른다. 기능에서 분리돼 이미지로 교환되는 상품은 우리에게 볼거리를 제공한다. 스펙터클은 단순한 이미지의 집합이 아니라 이미지를 매개로 한 사회적 관계다. 현대 시장은 단순히 물건을 파는 것이 아니라 환상이나 정체성, 라이프스타일을 판다. 이러한 시장의 진화는 우리가 삶 자체와 관계 맺는 방식에 깊은 영향을 미친다. 사람들은 더는 생산이나 봉사를 위해 노동하는 것이 아니라, 잘 보이고 호감을 얻으며 영향을 미치려고 노동한다. 이렇게 시장에서는 존재에서 가상으로의 근본적인 전환이 이뤄진다.

　　　　　시장은 휘황찬란한 스펙터클의 공간일 뿐만 아니라 소음의 장소다. 시장에는 무언가를 보여주려고 스펙터클을 연출하는 위대한 배우들의 소음으로 가득하다. 이 세상에서는 가장 훌륭한 것도 그것을 보여주는 자가 없으면 아무 의미가 없다. 이렇게 삶을 보여주며 삶에 영향을 미치는 사람들을 '인플루언서'라고 한다. 그들은 단순히 재능이나 의견을 가진 개인이 아니다. 그들의 라이프스타일, 개성, 심지어 개인적인 순간까지 수익화되고 마케팅되는, 살아있는 상품이다. 그들의 주된 역할은 의미를 창출하는 것이 아니라 참여를 유도하고 소비를 위한 퍼포먼스로 삶 자체를 전환하는 것이다. 인플루언서의 등장은 가치관의 변화를 시사한다. 이제 존재보다 보이는 것이, 진정성 있게 사는 것보다 삶을 큐레이팅하는 것이 더 중요하다.

　　　　　현대 시장의 위인이라 불리는 인플루언서는 위대함을 연출해서 보여준다. 그러나 진정으로 위대한 것은 창조하는 것이다. 세계는 새로운 가치의 발명가를 중심으로 눈에 보이지 않게 돌아간다. 이러한 가치를 창조하거나 인식하는 자가 세계를 이끈다. 그러나 군중과 시장의 무리는 배우가 보여주는 것만을 보고 세상을 판단한다. 배우는 자신이 다른 사람들로 하여금 가장 강하게 믿도록 만드는 것만을 믿는다. 반복적으로 보여주면 사람들은 진실이라 믿는다.

그러나 보여주려고 사는 삶은 진정한 삶이 아니다. 우리는 가치를 삶의 관점에서 재검토해야 한다. 무엇이 가치 있는 삶인가? 이러한 물음 자체가 무리 본능에 대한 저항, 희귀하고 고귀한 것에 대한 함양을 의미할 수 있다. 그것은 모든 열정을 상품화하고, 모든 순간을 과시하며, 온라인 프로필로 타인을 판단하려는 충동에 저항하는 것을 의미할 수 있다. 이러한 질문을 던지려면 우리는 시장에서 벗어나 우리의 고독 속으로 달아나야 한다. 위대한 일은 시장과 명성을 떠난 곳에서 일어난다. 나는 오늘 시장에 가지 않는다.

44 │ 진지하게 살려면 웃을 줄 알아야 한다 《차라투스트라는 이렇게 말했다》

나는 춤출 줄 아는 신만을 믿을 것이다. 그리고 내 악마를 봤을 때 나는 그가 진지하고 철저하며 깊고 장엄하다는 것을 알게 됐다. 그것은 중력의 영이었다. 이 영으로 인해 모든 사물이 떨어지는 것이다. 사람은 분노로 죽이는 것이 아니라 웃음으로 죽인다. 자, 우리 중력의 영을 죽이자! 나는 걷는 법을 배웠다. 그 후로 나는 계속 달린다. 나는 나는 법을 배웠다. 그 후로 내게 누군가가 나를 밀고 나서야 움직이는 일은 없어졌다. 이제 나는 가벼우며, 이제 나는 날아다닌다. 이제 나는 날아다닌다. 이제 나는 자신을 내려다보며, 이제야 어떤 신이 나를 통해 춤춘다.

- I 7, 〈읽기와 쓰기에 대하여〉, KSA 4, 5, 49~50쪽.

시장의 무리가 삶을 너무 피상적으로 가볍게 받아들여 삶을 무가치하게 낭비한다면, 너무 진지해서 삶을 망치는 사람들도 있다. 그냥 넘어가도 될 일을 지나치게 진지하게 받아들여 분위기를 잡치는 것처럼 삶을 진지하게 생각만 할 뿐 즐기지 못하는 사람은 삶을 더욱 고통스럽게 만든다. '참되고 참되다'라는 뜻의 진지함은 가상과 거짓으로 가득한 세상에서 스스로를 웃음거리로 만든다. 진지하다는 것은 이성적으로 생각한다는 것을 의미한다. 생각할 때마다 진지해지는 사람들은 웃음과 명랑함이 있는 곳에서는 생각이 아무 소용 없다는 편견을 갖고 있다. 웃으면 생각하지 않는 것이고 생각하는 사람은 웃지 않는다는 것은 정말 우스꽝스러운 편견이다. 그렇다면 삶의 무게를 가볍게 만드는 '명랑한 진지함'도 있지 않을까?

인간의 거의 모든 지적, 문화적 전통에서 진지함은 깊이의 상징이었다. 우리는 마치 경건함과 무게감이 진실을 보장한다는 듯 삶과 죽음, 도덕성 그리고 의미에 대한 문제에 엄숙하고 진지한 태도로 접근한다. 엄숙함과 진지함을 통찰력과 동일시하는 태도는 종교 의식과 철학 서적뿐만 아니라 문화와 예술, 엔터테인먼트 환경에도 널리 퍼져있다. 우리는 삶과 실존에 진지하게 임하려면 가만히 앉아 냉정하고 부드럽게 말하고 깊이 성찰해야 한다는 가르침을 받는다. 이런 문화에서 웃음은 어려운 걸 책임지지 않고 원대한 꿈을 추구하지 않으며, 지나간 것이나 미래에 올 것을 현재 있는 것보다 더 높이 평가하지 않는 '노예들의 명랑함'으로 여겨졌다.

      진지한 사람에게는 종종 고독을 자발적으로 선택하는 은둔자의 어두운 분위기가 있다. 그에게서 우리는 고독의 속삭임을 듣고, 두려워하며 주위를 살피는 태도와 같은 것을 본다. 밤낮으로 자신의 영혼과 은밀히 다투거나 대화하면서 함께하던 고독의 은둔자는 비밀스러운 심연의 냄새와 함께 곰팡냄새를 풍긴다. 그의 진지함에는 곁을 지나가는 모든 사람에게 찬 기운을 내뿜는 무어라 표현할 수 없는 불쾌한 것이 있다. 그것은 어쩌면 니체의 말처럼 어느 날, 혹은 어느 날 밤에 중력의 악령이 그의 가장 깊은 고독 속으로 살며시 찾아들어 속삭이는 질문 때문일지도 모른다. "너는 고통스러운 이 삶을 다시 한번 그리고 무수히 반복해서 다시 살기를 원하는가?"

      하지만 우리 인간은 실존의 고통을 겪으면서도 삶을 긍정하려고 웃음을 만들어낸다. 달리 말하면, 인간만이 웃음을 만들어내야 할 만큼 깊은 고통을 겪는다. 삶을 진지하게 받아들인다는 것이 무거움만을 의미해서는 안 된다. 삶이 진정 감당하기 어려운 무게라면, 이 짐을 가볍게 만들 수 있는 삶의 기술이 필요하다. 진지함을 무거움과 동일시하는 태도에는 대가가 따른다. 진지함과 엄숙함의 횡포는 유머나 가벼움 또는 아이러니를 피상적이거나 부정하는 것으로 오인하는 분위기를 조성한다. 삶을 가볍게 여겨서가 아니라 절망 너머의 관점에서 삶의 진지함을 바라보기 때문에 웃는 것일 수도 있다는 가능성을 배제한다. 진지함이 웃음과 즐거움을 배신으로 여기면, 우리의 삶은 오직 무거움만을 진정한 것으로 받아들이는 감옥이 된다.

   삶이 고통스러워도 살아야 한다는 것은 우리 인간의 비극적 부조리다. 이런 부조리에 직면했을 때, 유머는 부정이 아니라 긍정적 반항의 형태로 나타난다. "그래, 모든 것은 무의미하지만 그럼에도 우리는 웃는다." 이러한 웃음은 피상적이거나 현실 도피적인 것이 아니다. 그것은 오히려 절망에 맞선 심오한 반항적 행위다. 니체가 웃는 법을 배우라고 권할 때, 그는 진지함을 버리라고 권하는 것이 아니라 심연에 가까울 때조차 명랑함을 유지하라는 것이다. 우리는 실존의 고통을 결코 분노로 죽이지 못한다. 우리는 그것을 웃음으로만 죽일 수 있다.

   무의미함이나 부조리 또는 고통에 직면할 때, 사람들은 종종 허무주의에 빠질 위험이 있다. 이러한 상황 속에서도 웃을 수 있다면, 공허함을 풍자하고 부조리를 패러디하며 삶의 거대한 환상을 장난스럽게 흉내 낼 수 있다면, 우리는 새로운 종류의 긍정을 만들어낼 수 있다. 만약 우리가 무겁지 않고 명랑한 진지함을 되찾을 수 있다면, 우리의 삶은 훨씬 가벼워질 것이다.

45 자신이 가장 자유롭다고 느낄 때는 삶의 감정이 가장 강할 때다

《인간적인 너무나 인간적인 II》

누구나 삶의 감정이 가장 강할 때, 즉 어떤 사람은 열정에서, 어떤 사람은 의무에서, 어떤 사람은 인식에서, 또 어떤 사람은 방종함에서 삶의 감정이 가장 강할 때 자신이 가장 자유롭다고 생각한다는 것은 분명하다. 개개인은 자신이 강해지고 자신이 살아있다고 느끼는 곳에 항상 자신의 자유 요소가 있어야 한다고 무의식적으로 생각한다. 그는 의존과 무기력, 독립과 활력이 필연적인 쌍을 이룬다고 생각한다.

- 〈방랑자와 그의 그림자〉, 9, KSA 2, 545쪽.

나는 언제 삶의 감정을 강하게 느꼈는가? 아무것도 하지 않고 할 필요도 없는 수동적인 만족감의 상태였을까? 아니면 할 수 있다고 생각한 것 이상으로 자신을 한계까지 밀어붙였을 때일까? 자기 자신을 날것 그대로 솔직하게 직시하고 두려움에 맞서며 위험 속에서도 진실을 말했을 때일까? 그것이 어떤 경험이었든, 나는 그 순간 타인을 압도하는 힘이 아니라 내 내면에서 타오르는 불꽃처럼 힘을 느꼈다. 그 힘으로 인해 나는 살아있다는 강렬한 감정을 가진다. 니체에게 그러한 권력 감정은 자유다. 주어지는 것이 아니라 얻어내는 자유는 삶의 목표가 아니라 권력의 산물이다.

사람들은 의지만 있으면 자유를 얻을 수 있다고 착각한다. '자유의지'는 이러한 편견을 드러내는 동어반복이다. 의지가 원인이고 자유는 그 필연적 결과인 것처럼 생각한다면, 의지의 자유는 무엇이든 자신이 원하는 대로 실행할 수 있는 자유로운 의지를 전제한다. 런던탑에 갇혔던 토머스 모어Thomas More는 옥중 서한에서 내적인 자유를 강조하면서 이렇게 말했다. "신의 뜻대로만 될 수 있습니다. 그리고 저는 그것이 무엇이든 아무리 나빠 보일지라도, 그것이야말로 최선의 길일 것이라고 확신합니다." 이러한 태도는 자유의지에 대한 신화를 만들어낸다. "나는 비록 감옥에 갇혀있어도 생각할 수 있기에 나는 자유롭다."

사람은 의지가 있다고 자유로워지지 않는다. 특히 자유를 지향할수록 의지는 더욱더 현실의 감옥에 갇힐 가능성이 크다. 누가 자유를 갈망하는가? 노예다. 억압받는 자나 모든 유형의 노예는 자유에의 의지로서 단순히 해방되는 것을 목표로 한다. 자유는 해방을 의미한다. 해방됐다고 진정으로 자유로운지는 다른 문제다. 권력을 비교적 동등하게 가졌거나 권력을 추구하는 사람들은 자유보다 다른 사람이 가지고 있는 정도의 권리를 추구한다. 그들에게 자유는 정의를 추구하는 권력에의 의지다. 가장 강한 자, 가장 부유한 자, 가장 독립적인 자는 자유를 추구하지 않는다. 그들은 가치를 설정함으로써 다른 사람에게 사랑을 베푼다.

일상생활에서 자유는 자주 추상적으로 정의된다. 제약의 부재나 자기 결정 능력 또는 의지의 자율성 등을 의미한다. 그러나 개념적인 정의 너머에는 더욱 생생한 자유의 경험, 즉 자유를 느끼는 순간이 존재한다. 이 느낌은 단순히 구속의 부재가 아니라, 자신이 살아있다는 강력한 힘의 솟구침이다. 인간은 모든 고통과 구속에서 벗어날 때가 아니라, 자신의 힘을 발휘하고 한계를 시험하며 자기 능력을 긍정하는 행동에 참여할 때 가장 자유롭다고 느낀다. 진정한 자유는 수동적인 안락함이 아니다. 그것은 적극적인 힘이다. 삶을 가장 강렬하게 느낄 때, 자아가 숨겨지거나 침묵하는 것이 아니라 긍정되고 표현되고 해방될 때 자유의 감정이 생겨난다.

어떤 사람은 글을 쓰든 그림을 그리든 무언가를 만들든 창조 행위에 열정적으로 몰두할 때 강렬한 삶의 감정을 느낀다. 어떤 사람은 저항을 극복하고 자신의 삶에 스스로 규칙을 부과할 때 생동감을 느낀다. 또 다른 사람은 문제를 해결해가는 논리적 과정에서 커다란 기쁨을 느끼고, 또 다른 사람은 정해진 틀과 관습으로부터 일탈할 때 해방감과 함께 살아있음을 느낀다. 자신의 삶을 규정하고 속박하는 필연성은 사람마다 다르다. 불가피하게 해야만 하는 필연성이 어떤 사람에게는 정열이고, 어떤 사람에게는 의무이며, 또 어떤 사람에게는 인식이고, 어떤 사람에게는 방종이다.

우리는 모두 자신을 가장 강하게 속박하는 것에서 자유를 구한다. 정열적인 사람이 정열로부터 해방되는 것이 자유가 아니다. 우리는 오히려 정열을 최대한 발휘해 무언가를 창조할 때 비로소 강렬한 생동감을 느낀다. 그것이 바로 자유의 감정이다. 자유는 필연성의 반대로 종종 이해되지만, 진정한 자유는 필연적인 일을 최대로 잘 실행하는 것인지도 모른다. 그것이 우리를 강하게 만들고 그 안에서 삶의 활기를 느낄 때, 우리는 가장 자유롭기 때문이다.

46 | 자유를 원하면 변화와 무상함에 즐거움을 느끼는 방랑자가 돼라

《인간적인 너무나 인간적인 I》

어느 정도 이성의 자유에 이른 사람은 지상에서 자신을 방랑자로 느낄 수밖에 없다. 비록 하나의 궁극적인 목표를 향한 여행자는 아닐지라도. 왜냐하면 이와 같은 목표는 존재하지 않기 때문이다. 하지만 그는 세상에서 실제로 일어나는 일을 주시하고 그것에 대해 열린 눈을 갖고 싶어 할 것이다. 따라서 그는 모든 개별적인 것에 너무 강하게 집착해서는 안 된다. 그는 변화와 무상함에 대해 즐거움을 느끼는 방랑하는 그 무엇을 자신의 내면에 가지고 있어야 한다.

- IX 638, KSA 2, 362~363쪽.

나무처럼 자라는 정신이 있다. 뿌리는 굳건하고 습관으로 둘러싸여 있으며 일상에 굳어있다. 그들은 단 하나의 땅에 뿌리를 박고, 익숙한 생각에서 양분을 얻으며, 계절의 바람처럼 의견에 흔들린다. 우리가 보지 못하는 바람은 이 나무를 괴롭히며 자신이 원하는 방향으로 구부린다. 나무가 높고 밝은 곳으로 오르려 할수록, 뿌리는 더욱더 힘차게 땅속으로, 어둠 속으로, 깊은 곳으로 뻗어간다. 확고한 토대 위에 서있다고 생각했던 나무는 높은 곳으로 올라갈수록 그 토대가 과연 자신을 지탱할 수 있을지 의심하게 된다.

다른 한편에는 구름처럼, 새처럼, 바람처럼 어느 곳에도 머물지 않고, 정박지의 안락함을 거부하며, 정착이 곧 죽음을 의미하는 정신들이 있다. 이들은 니체의 신탁, 즉 목적지는 존재하지 않으며, 여정 자체가 가장 고귀한 존재 방식이라는 속삭임을 들은 정신이다. 그들은 정한 곳 없이 이리저리 떠돌아다니는 방랑자다. 확고한 둥지 없이 탁 트인 하늘을 가로지르는 야생 매처럼, 자유로운 정신은 어떤 땅이나 법, 혈통에도 속하지 않는다. 정신은 도착하는 것이 아니라 방황하는 행위 속에서 자신을 발견한다. 도착하는 것은 멈추는 것이고 멈추는 것은 죽음이기 때문이다.

우리 인간에게는 방랑과 정주 모두 필요하다. 어느 하나를 고집하고 절대화하는 것은 삶에 적대적이다. 그러나 이성의 자유를 추구하는 사람은 필연적으로 우선 방랑자일 수밖에 없다. 세계가 끊임없는 생성과 변화의 과정이라면, 이러한 세계에는 우리가 영원히 머물 수 있는 절대적 진리가 존재하지 않는다. 이렇게 덧없는 세상을 이해하려면, 우리는 변화와 무상함에 즐거움을 느끼는 방랑자가 돼야 한다. 베두인족이 사막에서 돌 하나 뒤집지 않고, 선원에게 닻을 내릴 항구가 영원히 없듯이, 자유정신은 결코 최종적인 세계관에 굴복해서는 안 된다. 니체의 자유정신은 오디세우스처럼 항해를 강요받은 자다. 집이 없어서가 아니라, 집이 자신들을 편안하고 순응적이며 따분한 사람으로 만들까 봐 두려워하기 때문이다.

세계에 대한 의견은 우리의 정열에서 생겨난다. 자유로운 정신은 이 의견을 끊임없이 의심하고 검토해 삶에 유용한가를 평가한다. 그러나 태만한 정신은 의견이 신념으로 굳어지게 한다. 정신이 정착하면 신념이 생기고, 신념이 굳어지면 독단적 체계가 되며, 결국 변화하는 삶에 해가 된다. 쉬지 않고 살아 움직이는 자유정신을 스스로 느끼는 사람은 끊임없는 변화를 통해 의견이 굳어지는 것을 막는다.

정신의 방랑자가 된다는 것은 우상 없이 사는 것이다. 정신은 자신의 우상을 끊임없이 깨뜨리고 제단을 불태우며 한때 신성시된 모든 교리에서 벗어나야 한다. 이 끝없는 유배와 방랑 속에 역설적으로 집이 있다. 정신의 유목민은 안정이 아니라 삶의 강렬함을 추구한다. 물론 도착하고 정주하는 자는 존경받는 반면, 질문하는 자는 의심받는다. 그러나 이러한 안정은 영혼의 죽음이다. 고인 물이 썩듯이 도전받지 않는 생각은 독이 된다. 방랑은 영혼을 계속 움직이게 한다.

　　　　방랑자는 자신의 정체성을 결코 자신이 머무는 장소에서 구하지 않는다. 방랑자란 끊임없이 이상한 일을 경험하며 보고 듣고 의심하고 희망하며 꿈꾼다. 방랑자의 정체성은 경계를 허무는 데 있고, 어떤 면에서는 자신만의 경계를 설정하는 데 있다. 정체성에 집착하는 세상에서 방황하는 것은 이단이다. 반복을 보상하는 시대에 일탈하는 것은 위험하다. 하지만 방랑자만이 안팎으로 새로운 땅을 발견한다. 따라서 방랑한다는 것은 땅을 차지하지 않고 삶의 터전을 사랑하는 것이다. 답을 요구하지 않고 묻는 것이다. 길을 잃지 않고 변화하는 것이다. 자유로운 정신은 삶에서 벗어나려 하지 않고, 삶과 더욱 적나라하게 마주하려 한다. 그것은 목적지를 향해 나아가는 것이 아니라, 최후의 안식처도 없다는 깊은 자각 속에서 자기 자신에게로 돌아가는 것이다.

47 자유란 새로운 사슬에 대한 느낌이 없음을 의미한다

《인간적인 너무나 인간적인 II》

우리는 어떤 것에 의존하고 있다는 느낌이 없을 때만 자신이 독립적이라고 생각한다. 하지만 이 생각은 인간의 교만함과 지배 욕망을 드러내는 잘못된 결론일 수 있다. 이는 인간이 의존 상태에 놓이자마자 그것을 항상 분명히 인식할 수 있으리라 가정하는 것과 같다. 그런데 만약 그 반대가 진실이라면 어떨까? 인간은 끊임없이 복잡한 의존 속에서 살아가면서도, 그것에 익숙해져 사슬의 무게조차 더는 느끼지 않을 때 자신이 자유롭다고 착각하는 존재라면? 그는 결국 익숙한 사슬은 감지하지 못하고, 새로운 사슬에서만 고통을 느낀다. 그렇다면 '의지의 자유'란 사실상 어떤 새로운 사슬도 느껴지지 않을 때의 상태를 말할 뿐인지도 모른다.

- 〈방랑자와 그의 그림자〉, 10, KSA 2, 546쪽.

중력 없이는 이 땅 위에 두 발 딛고 설 수 없는 것처럼, 구속이 없다면 우리는 자유롭게 살 수 없다. 자유는 족쇄의 부재, 장벽의 제거, 짐의 경감과 종종 연결된다. 꼼짝 못 하도록 발에 차꼬를 차고 목에는 칼을 쓴 죄인이 자유로울 수는 없다. 자유는 우리를 강압적으로 얽어매거나 제한하는 속박에서 벗어나는 것이다. 자유는 결코 진공 상태에서 태어나지 않는다. 무중력 상태에서 붕붕 떠다니는 게 진정한 자유는 아니다. 자유는 언제나 그 조건으로서 구속을 암시한다. 자유는 어쩌면 한계에 드리운 그림자인지도 모른다. 모든 형태의 자유가 구속이라는 배경 속에서만 나타난다면, 우리는 어떻게 필연성의 무게에 짓눌리지 않고도 자유롭게 살 수 있는가?

자유를 추구하는 삶의 기술은 구속을 제거하는 것이 아니라 구속과의 관계를 변형한다. 우리는 관점을 바꿔야 한다. 구속이 비로소 자유를 가능하게 한다고. 구속은 삶의 저주가 아니라 조건이다. 시간과 중력, 죽음, 배고픔, 타인의 욕구, 육체와 정신의 한계 같은 여러 형태의 구속은 삶의 우연한 특징이 아니라 삶의 윤곽 그 자체다. 반항하고 초월하려는 충동조차 이러한 제약 속에서 생겨난다. 따라서 삶의 기술에서 첫걸음은 구속을 삶의 침해로 해석하는 것을 멈추는 것이다. 구속을 외적인 감옥이 아니라 움직임을 가능하게 하는 긴장으로 볼 때 변화가 시작된다. 느슨하게 놓인 기타 줄은 아름다운 음을 만들어내지 못한다. 기타 줄의 팽팽한 긴장이 진동과 공명 그리고 음악을 가능하게 한다. 인간의 의지도 마찬가지다. 저항 없는 의지는 관성으로 녹아든다. 세상과의 마찰은 의지를 날카롭게 한다.

욕망을 생각해보라. 욕망은 우리를 구속하지만, 욕망을 완전히 없애는 것을 상상할 수 없다. 불교나 스토아철학의 금욕주의자에게서조차 욕망은 사라지는 것이 아니라 변형될 뿐이다. 단식하는 수도승은 허기가 없는 것이 아니다. 그는 더 높은 의미의 질서에 자신을 구속하며, 그 질서 속에서 허기는 영적인 명료함을 제공한다. 여기서 우리는 변형의 원리에 도달한다. 구속은 무의미하다고 느껴질 때 참을 수 없는 것이 된다. 하지만 구속이 재해석될 때, 즉 목적이나 창조 또는 사랑의 서사로 이어질 때 그것은 견딜 수 있을 뿐만 아니라 숭고해지기까지 한다.

자율성에 도취돼 구속과 한계에 알레르기 반응을 보이는 현대사회에서 구속에 대한 기본적인 반응은 반항이다. 억압하는 대상에 맞서 반대하면 자유를 얻을 수 있다고 생각한다. 그러나 리듬에서 벗어난 반항은 혼돈이나 탈진으로 무너진다. 분노와 충격으로 숨을 제대로 쉬지 못하는 사람은 호흡의 리듬을 찾아야 비로소 진정된다. 삶의 기술은 리듬을 발견하는 것이다. 구속을 제거하기 위해서가 아니라 구속의 형태를 순환으로 바꿔 화해하기 위해서다. 호흡은 억제와 해방이다. 여기서 리듬은 억압적인 것이 아니라 삶을 구조화하는 일종의 구속이다. 리듬에 맞춰 행동한다는 것은 습관화된 순환적 형태 안에서 자유를 찾는 것이다. 아침 루틴, 창의적인 습관, 계절의 휴식과 같은 의식을 만들 때, 우리는 자신을 노예로 만들지 않고 끊임없는 반항에서 벗어날 수 있다. 리듬은 구속을 제거한다기보다 그 무게를 느끼지 못할 정도로 편안하게 만든다.

물론 의식적 변용으로도 쉽게 가벼워지지 않는 구속이 있다. 상실, 죽음, 존재의 부조리처럼 삶의 깊은 곳에 있는 무언가가 끊임없이 우리를 구속한다. 이러한 내면의 구속에서 완전히 벗어날 수 없다면, 우리는 고도에 적응한 등반가가 더는 숨을 헐떡이지 않는 것처럼 삶의 부조리를 목격하고도 자유롭게 살 수 있어야 한다. 결국 자유는 짐 없이 날아다니는 기술이 아니다. 자유는 삶의 무게를 잘 짊어지는 기술이다. 무게를 요구하지 않는 자는 얄팍하게 살고 자유를 모른다. 모든 무게를 받아들이는 자는 구속의 위험을 감수한다. 이렇게 자유인은 구속을 더는 느끼지 않을 수 있도록 무엇을 어떻게 잘 짊어질지 생각하며 살아간다.

48 | 자유로운 야외에서 태어나지 않은 생각은 믿지 마라 　《이 사람을 보라》

　　가능한 한 적게 앉아있으라. 야외에서 자유롭게 움직이면서 생겨나지 않은 생각은 무엇이든 믿지 마라. 근육이 축제의 춤을 추듯이 열광하지 않는 생각도 믿지 마라. 모든 편견은 내장에서 나온다. 가만히 앉아있는 것은 신성한 정신에 대한 진정한 죄다.

— 〈나는 왜 이렇게 영리한지〉, 1, KSA 6, 281쪽.

세상에는 '야외에서 태어난 생각'이 있고, '의자에서 태어난 생각'이 있다. 사람들은 생각할 거리가 있으면 종종 방 구석에 처박혀 의자에 앉아 머리를 싸매고 끙끙댄다. 턱 받히고 고민한다고 문제가 해결되지 않는다. 실내, 고립된 공간, 도서관, 연구실에서 앉아 생각한다는 것은 행위를 포기한다는 것이다. 구석의 의자에 앉아 오직 머리로만 생각하는 사람은 논리의 늪에 빠져 본래의 문제를 망각할 가능성이 크다. 원인과 결과가 잘 연결되지 않고 결과가 나쁠 경우, 우리는 자신이 한 일에 대한 올바른 관점을 잃기가 너무 쉽다. 신, 영혼 불멸, 구원, 내세와 같은 문제들은 앉아있는 시간이 길어질수록 괴물이 돼 오히려 우리를 괴롭힌다. 왜 이러한 개념들을 떠올렸는지 본래의 실존적 문제는 잊어버린 채 생각만 하다가 삶을 낭비한다.

참신한 아이디어는 대체로 우리가 원한다고 발견되는 것이 아니라 갑작스럽게 찾아온다. 진정한 영감이나 통찰은 우리의 의식적인 의지의 통제를 받지 않는다. 의자를 박차고 아무런 생각 없이 들판을 거닐 때 그것은 불현듯이 나타난다. "나는 아직 살아있다. 나는 아직 생각한다." 니체가 이처럼 강렬한 생명감을 느끼면서 가장 풍요로운 저술 활동을 했던 시기는 알프스의 산, 질스마리아의 호숫가, 지중해 연안 등을 따라 산책하던 시기와 일치한다. 그는 이 시기에 진정으로 위대한 모든 사상은 걷기를 통해 잉태된다는 것을 경험한다.

왜 니체는 야외에서 태어나지 않은 어떤 생각도 믿지 말라고 경고한 것일까? 야외에서 태어나지 않은 관념은 삶에서 단절된 추상적 관념이다. 그것은 본능과 고통, 더위와 배고픔, 바람과 햇빛에서 벗어난 석회화된 개념이다. 야외는 자유로운 곳이다. 자유의 숨결을 느끼지 못한 생각은 세상과의 교감이 아니라 세상으로부터의 도피의 산물이다. 그것은 더는 의욕적이지 않고 더는 움직이지 않는 까닭에 삶을 약화하고 부패시킨다. 이성을 육체로부터 독립된 것으로 여기는 데카르트 전통은 '나는 움직인다', '나는 고통받는다', '나는 숨을 쉰다'가 아니라 '나는 생각한다'에서 시작한다. 이러한 전통은 신체를 오류의 원천으로, 감각을 기만자로 만든다. 의자에 앉아 생각한 사상은 사실 삶이나 본능, 자연의 예측 불가능성에 대한 두려움의 징후다.

지성에도 근육이 있다. 움직이지 않으면 우리의 근육이 빠져나가듯이, 우리의 지성과 정신이 움직이지 않으면 우리의 사상은 생명력을 잃는다. 의자에 결박된 사고는 가능한 한 실패와 오류를 제거하려 한다. 야외에서 태어난 사상은 실패한 것을 그것이 실패했다는 이유로 더욱 중히 여긴다. 행위는 움직인다는 것이고, 움직이는 것은 언제나 실패할 수 있다. 야외에서 움직인다는 것은 자신의 충동과 열정에 따라 자유롭게 움직이는 것을 의미한다. 야외는 단순한 비유가 아니다. 여기서 야외는 만들어진 것과 폐쇄된 것 너머의 세계를 의미한다. 열린 공간에서 생각한다는 것은 나무, 바람, 비, 하늘, 해 같은 원초적인 것들과 함께 생각한다는 것이다. 니체가 알프스에서 경험한 것은 단순한 휴양이 아니었다. 그것은 야외에서 존재의 원초적 힘과 대면하는 실존적 경험이었다.

　　　　　가능한 한 앉아있지 마라! 야외로 나가 뺨을 스치는 바람을 느끼지 않으면 기상의 변화를 알지 못한다. 구름으로 뒤덮인 하늘이 청명한 하늘로 변하는 모습을 보지 못한다. 차라투스트라는 "인간에게 먹구름이 몰려온다! 참으로 나는 기상 변화의 조짐을 잘 알고 있다!"라고 말한다. 자신의 사상으로 날씨마저 바꾸고자 한다면 먼저 날씨의 조짐을 읽어낼 줄 알아야 한다. 의자에 앉아 날씨를 읽을 수는 없다. 정신도 마찬가지다. 정신이 시대와 사회의 변화를 포착하려면, 우선 부지런히 움직여 지성의 근력을 키워야 한다. 다양한 문제에 부딪혀보고, 실수도 하며, 문제를 해결할 때까지 부단히 움직여야 한다. 오늘도 나는 자신과 자연 속에서 가장 깊이 반성하는 그 15분의 시간을 얻으려고 밖으로 나가 걷는다.

49 | 자유롭게 생각하려면 관습에 얽매이지 않는 작은 일탈이 필요하다

《아침놀》

관습에 얽매이지 않는 작은 일탈적 행동이 필요하다. 관습의 문제에 있어서 때때로 자신의 더 나은 판단에 반해 행동하는 것, 자신의 정신적 자유를 유보하면서 실천에서는 관습에 굴복하는 것, 마치 모든 사람처럼 관습을 따르면서도 동시에 관습에서 벗어나는 의견에 대해 보상하는 것처럼 모든 사람에게 점잖게 행동하고 친절을 다하는 것. 이 모든 것은 상당히 자유로운 사고방식을 가진 많은 사람 사이에서 허용될 뿐만 아니라 심지어 '정직하고' '인간적이며' '관대하고' '사소한 일에 얽매이지 않는' 것이라 간주되고, 지적인 양심을 잠재우려고 사용하는 멋진 말로 여겨진다. …… 관습에 얽매이지 않는 사소한 행동들이 훨씬 더 큰 가치를 지닌다.

- III 149, KSA 3, 141~142쪽.

　　　　　이성에 의해 탄생한 관습이 비이성적으로 바뀔 때조차 관습에 저항하기는 쉽지 않다. 한때 삶에 유용했던 관습이 이제는 삶에 도움이 되지 않고 심지어 해롭기까지 하다는 것은 관습의 비밀이고 역설이다. 비이성적인 관습을 가장 강력하게 유지하는 것은 역설적으로 이성적인 것을 수동적으로 지지하는 오랜 습관과 태도다. 제도, 전통, 관습은 깊이 생각해서가 아니라 복종하기 때문에 지속된다. 심지어 상당히 자유로운 사고방식을 지닌 사람들조차 생각으로는 대단히 반역적이면서도 실천적으로는 관습에 복종한다. 자유롭지 못한 상태를 지탱하는 것은 단순한 믿음이 아니라 행동이다.

　　　　　관습은 어떻게 생겨나는가? 우리 인간의 충동과 정열은 오랜 기간 집단 속에서 통제되고 순화됐다. 우리는 충동과 정열을 단순히 개인적인 문제로 생각하는 경향이 있지만, 그것은 언제나 사회적 문제였다. 사회질서를 해치지 않는 충동과 정열은 허용되고, 사회적 관점에서 위험한 충동과 정열은 통제된다. 인간은 개인이라기보다 우선 구성원이다. 개인은 발전하는 동안 점점 복잡해지고, 구성원 집단으로 그리고 사회로 변한다. 사회를 발전시키는 개인은 몰락하지 않는다. 관습은 개인이 집단에 기여할 수 있도록 만드는 행동의 규칙이다.

관습이 단번에 형성되지 않은 것처럼 인간의 자기통제 역시 하나의 관습으로 단번에 이뤄지지 않는다. 집단이 자기를 보존하려고 만든 관습은 개인의 삶에도 유용해야 한다. 자기통제에 성공하지 못한 개인은 몰락할 수밖에 없다. 니체는 관습이 항상 해롭다고 주장하지 않는다. 관습은 왜 그것이 만들어졌는지 그 기원을 망각할 때 위험해진다. 관습은 그것이 선택이었다는 사실을 망각함으로써 신성해진다. 해결책으로 시작된 것이 의무가 되고 미덕이 되며 다음에는 우리의 정체성이 된다. 이성적인 인간이 비록 속으로는 반대하더라도 행동하는 순간 침묵하고 순응한다면, 관습은 오히려 강화된다.

자유로운 지성은 단순히 추론하거나 비판하는 능력이 아니다. 그것은 시대에 저항하면서 때로는 관습으로부터 일탈해 다르게 생각하고 다르게 행동하는 능력이다. 그는 단순히 부정하지도 않고, 반항을 위한 반항도 하지 않는다. 그는 오히려 관습의 범위 안에서 자기 삶의 가치를 행동으로 옮길 수 있는 길을 모색한다. 이러한 실험적 시도를 통해 때로는 관습의 경계를 넘고, 때로는 관습에 조그만 구멍을 낸다. 이런 실험을 시도하려면, 우리에게는 관습에 얽매이지 않는 작은 일탈이 필요하다.

일탈이라고 반드시 파괴적이고 혁명적일 필요는 없다. 어떤 사람은 무신론자면서도 자식을 교회에서 세례받게 할 수 있고, 어떤 사람은 무신론자가 아닌데도 교회에 냉담하고 고해성사를 하지 않을 수 있다. 어떤 사람은 전쟁을 극렬히 비난하면서도 세상 사람들과 똑같이 병역의무를 다하고, 어떤 사람은 병역의무를 공익 봉사로 대체할 수도 있다. 어떤 사람은 자유주의자면서도 대체로 권위주의적으로 행동하는 반면, 어떤 사람은 정치적 이념과 상관없이 반권위주의적일 수 있다. 관습을 바꾸는 것은 혁명적 생각이 아니라 조그만 일탈 행동이다.

역사상 큰 변화를 불러온 행동이 항상 거대했던 것은 아니다. 오히려 관습이라는 매끄러운 표면에서 발생한 사소한 균열이 커다란 변화를 불러온 경우가 많다. 자신의 무지를 고백한 소크라테스의 아이러니, 교회 문에 95개의 논제를 게시한 루터의 조그만 도전, 인종이 분리된 앨라배마주 버스에서 백인 남성에게 자리 양보를 거부한 로자 파크스Rosa Parks의 불복종 행위. 이 모든 조그만 일탈 행위는 견고해 보이는 관습에 구멍을 낸다. 작은 행동을 위험하게 만드는 것은 상징적인 힘이다. 행동이 바로 이러한 힘을 만든다. 관습에 저항하면서도 몰락하지 않는 개인들이 새로운 가치를 만든다. 우리에게 필요한 것은 더 많은 의견이 아니다. 시대의 거짓된 관습에 아무리 적더라도 맞서 행동하는 더 많은 사람이 필요하다.

50 | 세계를 긍정하려면 자신의 운명을 사랑하라   《즐거운 학문》

나는 사물 속의 필연성을 아름다움으로 받아들이는 법을 점점 더 배워가고 싶다. 그리고 그렇게 함으로써, 세상을 아름답게 만드는 사람 중 하나가 되고 싶다. 자신의 운명을 사랑하라. 아모르파티 Amor fati, 이것이 앞으로 내가 바칠 사랑이 될 것이다. 나는 추함과 더는 싸우고 싶지 않다. 비난하지 않을 것이다. 심지어 비난하는 사람마저도 비난하지 않으련다. 내가 할 수 있는 유일한 거절은 단지 조용히 시선을 돌리는 것뿐이다. 그리고 무엇보다 나는 언젠가 기꺼이 세상을 긍정하는 사람이 되고 싶다.

– IV 276, KSA 3, 521쪽.

삶은 궁극적으로 자신에 관한 이야기다. 우리가 어떤 이야기를 쓸 것인가는 대체로 주어진 삶을 어떻게 대하는가에 달려있다. 삶을 살지 않는 사람은 이야기를 쓰지 못한다. 이야기가 없는 삶은 단지 주어진 운명일 뿐이다. 사주팔자는 날 때부터 타고난다는 말을 입에 달고 사는 사람은 자신의 삶을 살지 않고 운명을 탓한다. 피하려 해도 피할 수 없는 것을 운명이라 한다. 우리 인간이 날 때부터 정해진 운명은 사실 살아있기에 살아야 한다는 것뿐이다. 삶은 결국 어떻게 살아야 할 것인가에 대한 이야기다.

고대 그리스 세계에서 운명은 신들조차 복종하는 비인격적인 사물의 질서였다. 기독교는 신의 예정조화설을 운명으로 봤다. 스토아학파는 운명을 자연의 합리적 전개로 봤고, 그들의 윤리적 이상은 이러한 필연성에 평온하게 순응하는 것이었다. 운명을 어떻게 해석하든, 운명은 언제나 피할 수 없는 필연성을 의미한다. 운명을 따른다는 것은 결국 순응하고 복종한다는 것이다. 그런데 기존의 도덕에 반기를 들고 새로운 가치를 창조하는 초인을 말한 니체가 운명을 사랑하라고 말한다. 니체의 아모르파티는 예정론을 받아들이거나 상황에 굴복하는 것이 아니다. 기독교처럼 고통을 가치 있게 여기는 것도, 스토아

철학처럼 감정을 억누르는 것도 아니다. 아모르파티는 필연성에 대한 창조적이고 적극적이며 깊은 긍정의 관계, 즉 존재했던 모든 것과 존재하는 모든 것 그리고 존재할 모든 것에 대한 대담한 "예"다.

이 세계를 긍정한다면, 우리 삶의 목표는 필연성을 단지 수동적으로 수용하는 것이 아니라 미적으로 변형하는 것이다. 만약 내가 다시 살아야 한다면, 나는 내 삶을 온전히 긍정하며 영원히 있는 그대로 돌아오기를 바랄 수 있는가? 아모르파티는 이 물음에 "예"라고 답하기 위한 조건이다. 강한 자만이 그렇게 할 수 있다. 왜냐하면 강한 자만이 아무런 원망 없이 필연성을 긍정할 수 있기 때문이다.

과연 우리는 운명을 사랑할 수 있는가? 평생 외롭고 만성질환에 시달리며 오해받고 광기에 시달린 니체 자신이 그 예다. 오직 생각하는 힘으로 살 수 있었던 니체에게 병과 고통은 역설적으로 삶의 동력이었다. 그는 자신이 심하게 아팠을 때조차 병들지 않았다고 말할 정도로 자신의 운명을 사랑했다. 고대 그리스인이 고통에도 불구하고, 아니 바로 고통 때문에 예술을 창조한 것처럼, 비극은 삶의 끔찍하면서도 아름다운 필연성을 긍정하기 때문에 최고의 미적 형식이다. 철제 난간에 골반을 관통당하는 끔찍한 교통사고를 겪은 프리다 칼로Frida Kahlo는 평생 엄청난 고통에도 부서진 몸을 생생한 예술 작품으로 승화시켰다. 자신의 운명을 사랑하는 것은 순응을 통한 안일함을 바라는 것이 아니라 위대함을 가능하게 하는 조건을 사랑하는 것이다.

아모르파티는 결코 형이상학적 교리가 아니다. 운명

에 대한 믿음이 아니라 운명을 향한 능동적 자세다. 필연적인 것을 아름다운 것으로 보고, 그렇게 자신의 삶을 아름답게 만드는 것이다. 아모르파티는 필연적인 것을 받아들이고, 고통을 힘으로 바꾸며, 모든 혼돈과 모순 속에서도 삶에 대해 "예"라고 말할 용기다. 그것은 자신의 운명을 단 한 번이 아니라 영원히 원할 수 있는가를 시험하는 실존적 도전이다.

      운명을 사랑하면 사람이 바뀐다. 운명을 사랑하는 사람은 건강한 본능의 모든 징후를 감지해내는 최고의 섬세함을 갖추고 있기에 어떤 고통도 삶의 밑거름으로 만든다. 그런 사람은 "나는 내 과거에서 단 한 마디도 지우고 싶지 않다."라고 말한다. 모든 행동에 대한 오만한 자부심에서가 아니라 실수와 상처를 포함한 모든 과정을 자신의 존재에 필수적인 것으로 긍정하기 때문이다. 그는 열린 감각과 실험적인 정신으로 현재 자신의 삶에 맞선다. 그러기에 삶이 자신에게 가장 어려운 것을 요구했을 때 삶이 가벼워졌다고 말할 수 있다. 과거를 긍정하고 현재에 몰두하면 미래도 아무런 환상 없이 담담하게 마주할 수 있다. 나는 이렇게 삶을 유희처럼 가볍게 살 수 있을까? 이 땅에 소풍 왔다가 좋은 이야기를 만들고 떠날 수 있을까?

잔혹한 구원자 니체

니체는 자신의 삶을 철학으로 실험한 운명의 철학자다. 자신의 삶을 생각하지 않고 사는 사람은 없겠지만, 니체는 어릴 적부터 생각할 거리가 있는 삶을 살고 싶어 했다. 삶은 사고의 실험장이었고, 철학적 사유와 글쓰기는 그의 고유한 삶의 방식이었다. 자기 삶의 시인이 되고자 했던 니체의 운명은 철학이었다. 《인간적인 너무나 인간적인》에서 니체는 이렇게 말한다. "너는 너의 주인이 돼야 하며, 동시에 너 자신의 덕성의 주인이 돼야만 한다. 과거에는 덕성이 너의 주인이었다. 그러나 그 덕성은 다른 도구들과 마찬가지로 오로지 너의 도구여야 한다." 니체는 생성과 성장의 순수함에 자신을 내맡기지 않고, 일찍이 자신을 파악하는 능력을 개발한다. 자기 이야기의 시인이자 작가가 되려는 니체에게 사고는 가장 강렬한 자기 인식이다.

　　니체는 자신의 전기와 이력서에 즐겨 묘사하듯이 1844년 10월 15일 "개신교 시골 성직자의 아들"로 태어났다. 그는 훗날 아버지를 "시골 성직자의 완벽한 모습"으로 기억한다. 아버지는 뛰어난 지성과 영혼을 타고났고, 그리스도인으로서 갖춰야 할 모든 덕목을 갖추고 모든 사람에게서 존경과 사랑을 받았으며, 여가를 훌륭한 학문과 음악으로 채웠다고 한다. 사랑하는 아버지의 요절로 그는 다섯 살의 어린 나이에 너무 일찍 실존적 고독을 경험했다. 그는 자신이 나이에 비해 너무 진지하다는 것을 알았지만, 아버지의 죽음을 극복해야 했던 그가 어찌 진지하지 않을 수 있겠는가?

니체는 광기의 발작을 일으키기 직전에 쓴 자신의 마지막 작품인《이 사람을 보라》에서 자신의 삶을 되돌아본다. "내 존재의 행복, 어쩌면 내 존재의 독특함은 그 운명에 있다. 수수께끼처럼 표현하자면, 나는 내 아버지로서는 이미 죽었지만, 내 어머니로서는 아직 살아서 늙어가고 있다." 니체가 "이중적 혈통"이라고 비유적으로 표현하는 아버지와 어머니는 각각 삶의 꼭대기와 밑바닥을, 삶을 창조하는 시작과 삶의 의지를 억압하는 데카당스를 상징한다. 이러한 이중적 혈통으로 인한 중립성은 삶의 전반적인 문제와 관련해 편견에 얽매이지 않는 자유를 보장한다.

삶에 대한 니체의 관점은 처음부터 모순적이었다. 서른여섯의 나이로 요절한 아버지는 신체적으로는 병약해도 지성적으로는 강했다. 아버지와 같은 나이에 병 때문에 바젤대학교를 사직할 수밖에 없었던 니체는 신체적으로 병약함이 반드시 생명력을 약화하지 않는다는 것을 스스로 입증해야 했다. 니체는 자신이 정신적, 도덕적 영역에서 가장 유익한 시험과 실험을 하지 않았더라면 끔찍한 짐인 자신의 존재를 오래전에 던져버렸을 것이라고 고백한다. 니체가 자신을 떠맡아 스스로 다시 건강하게 만들 수 있었던 것은 사유의 힘 덕택이었다. 자신을 죽이지 못하는 것은 자신을 더욱 강하게 만든다는 니체의 믿음은 바로 이런 모순에서 나온다.

내 어머니로서는 아직 살아서 늙어간다는 니체의 말은 역설적이다. 살아있어도 진정으로 사는 것은 아니라는 모순은 데카당스를 말해준다. 도덕이 여전히 가장 신성한 이름으로 불리지만 삶을 풍요롭게 만들기보다 오히려 삶의 의지를 억압할 때 데카당스 문화가 발생한다. 도덕에는 황폐해진 삶과 종말에의 의지와 큰 권태가 숨어있는 것이다. 도덕이 삶을 부정하는 게 데카당스다. 니체는 자신도 시대의 아들로서 데카당이라고 고백하면서, 자신이 어렸을 적부터 파악했던 시대의 문제가 데카당스였다고 말한다. 훗날 니체는 자신이 데카당스에 저항했으며, 자신의 내면에 있는 철학자도 데카당스에 저항했다고 말한다.

앞서 말했듯이 니체에게 어머니는 데카당스를 상징한다. 아버지가 사망했을 때 다섯 살의 니체는 다섯 명의 '도덕적인' 여인들에게 둘러싸여 있었다. 할머니, 어머니, 두 명의 이모, 그리고 하녀. 외할아버지도 목사였으며, 독실한 기독교 집안인 외가의 친척들은 대개 목사가 되거나 목사와 결혼했다. 그가 어릴 적 "꼬마 목사"로 불렸다는 데서 알 수 있는 것처럼 기독교 도덕과 분위기는 니체의 인생을 결정지었다. 꼬마 목사가 나중에는 역사상 가장 위대한 반항아이자 파괴자가 됐지만, 니체는 모든 혼란과 모순 속에서도 여전히 교회의 부활절 종소리에 대한 향수를 간직했다.

우리가 니체의 말을 제대로 이해하려면 꼬마 목사가 어떻게 모든 가치를 뒤집어놓는 파괴자가 됐는지를 파악해야 한다. 그의 말의 사악함에 어떤 동기와 의도가 숨어있는지 알지 못하고 읽으면, 우리는 자칫 그 선정성과 공격성의 덫에 걸릴 수 있다. 신을 숭배하는 기독교 집안에서 성장한 꼬마 목사가 왜 "신은 죽었다."라고 천명한 것인가? 어떤 신이 죽었다는 것인가? 누가 신을 죽인 것인가? '신의 죽음'을 둘러싼 수수께끼는 니체의 의도된 공격성과 사악함을 꿰뚫어봐야만 풀린다. 신은 삶의 의미와 목적의 총체다. 신이 사라지면 자연과 역사 속에서 의미와 목적 또한 사라진다. 신의 죽음은 '허무주의'를 가져온다. 니체는 자신의 시대를 허무주의로 파악했으며, 자기가 사는 시대를 자기 안에서 극복하고자 했다. 자신의 시대를 초월한다는 것은 곧 허무주의를 극복한다는 것을 의미한다.

   허무주의는 이렇게 니체의 운명이 됐다. 니체는 신을 숭배하는 집에서 진정한 신을 보지 못했다. 니체는 삶의 의미와 목적을 주어진 그대로 받아들이려 하지 않았다. 오히려 그것들을 우리에게 주어진 과제로 여겼다. 그는 주어진 기독교적 도덕을 충실히 수용하기보다 새로운 가치를 창조하는 데 열정적이었다. 니체는 어릴 적에도 신을 숭배하기보다 신을 창조하는 사람들을 숭배했다. 니체가 슐포르타(엘리트 기숙학교) 시절인 1862년에 집필한 논문 〈운명과 역사〉는 니체의 사유 방향을 잘 말해준다. 우리는 모든 게 결정된 이 세계에서 자유롭게 살 수 있는가? 설령 우리가 모든 게 결정된 운명에 따라 사는 것처럼 보여도, 우리의 자유의지는 이 세계에 대해 거리를 둘 수 있다. 우리는 자유로울 수 있는 공간을 위해 싸우며, 그렇게 함으로써 우리 자신을 자유의지로 경험한다. "운명은 자유의지에 대한 무한한 저항의 힘이다. 악 없는 진정한 선을 상상할 수 없는 만큼,

운명 없는 자유의지는 상상할 수 없다. 오직 대립이 그러한 자질을 만들어내기 때문이다." 니체의 운명은 전통에 대한 저항과 대립이다.

저항으로 점철된 니체의 삶은 대체로 10년 단위의 세 단계로 이뤄진다. 니체가 슐포르타에 입학한 1858년부터 1869년 바젤대학교 교수로 임용되기까지의 첫 단계는 비판적 지성이 형성되는 시기였다. 이 시기에 우월한 남성 지성인의 엄격한 지도가 없었다고 고백했듯이 그는 대부분 자신의 의지대로 학습했다. 이 시기에 여덟 편의 자서전을 집필했다는 사실에서 알 수 있듯이 니체는 자기 관찰에 집중했다. 니체에게 자기 관찰은 외부의 영향력에 맞서는 무기였다. 우리는 어떻게 자신이 원하는 것을 알 수 있는가? 니체의 삶은 결정적인 자기 인식이 결국 결단에 있음을 보여준다. 그는 감정과 본능을 중시했음에도 냉철하고 딱딱한 고전문헌학을 선택했다. 그의 교육 경로를 결정한 것은 외부의 압력도, 직업적 안정에 대한 전망도, 문헌학에 대한 열정도 아니었다. 오히려 그는 지식과 예술적 열정의 광대한 지평에 대한 유혹에 맞서는 훈련 수단으로 문헌학을 선택했다. 그러나 라이프치히에서 쇼펜하우어를 발견하고 바그너를 알게 되면서 그는 다시 삶을 창조하는 예술가적 열정에 빠져든다. 감정과 이성, 인식과 열정, 예술과 철학의 대립은 니체의 삶과 철학에 결정적 영향을 줬다.

니체 삶의 두 번째 단계는 바젤대학교 교수가 된 1869년부터 사직하는 1879년까지의 시기다. 바젤대학교의 교수로 활동했던 이 시기에, 니체는 학계의 기대를 저버리고 고전

문헌학에서 철학으로 전향했다. 니체의 첫 저서 《비극의 탄생》은 학계에서 혹평을 받았다. 그를 바젤대학교에 추천한 지도교수조차 이 책이 "재치 있는 말장난"에 불과하다고 여겼다. 그러나 고대 그리스 비극의 탄생 과정을 추적한 이 책은 니체의 독창적인 사유의 방향과 특성을 잘 보여준다. 니체가 고대 그리스 비극의 핵심으로 여기는 '아폴론적인 것'과 '디오니소스적인 것'의 대립은 예술의 두 원리일 뿐만 아니라 우리 실존을 구성하는 두 힘이다. 형식의 신인 아폴론이 명료한 꿈과 개체성의 원리를 대변한다면, 도취의 신인 디오니소스는 해체와 탈경계의 무아경을 상징한다. 디오니소스적 인간은 자연과의 경계를 허물어뜨리고 자연과 하나가 된다. 또한 그는 광란의 축제에서 대중의 사랑과 열광을 통해 동료 인간과의 경계마저 초월한다. 끝으로, 디오니소스적 인간은 내면적으로도 의식과 무의식의 경계를 무너뜨린다. 이 두 힘의 대립과 균형 속에서 탄생한 비극은 소크라테스 전통의 이성 중심주의에 의해 파괴됐다는 것이 니체의 통찰이다. 니체는 합리주의로 파괴되거나 은폐된 인간 실존의 비극적 심연을 들여다보려 한다. 이성이 은폐하거나 왜곡한 것을 의심하면서 끝까지 파헤치는 비판적 정신은 종종 사악함으로 표현된다.

    이 시기에 쓰인 《반시대적 고찰》과 《인간적인 너무나 인간적인》을 관통하는 핵심 주제는 '자유정신'이다. 자유정신은 전통적인 도덕, 사회적 규범 그리고 관습적인 사고의 제약에서 벗어난 개인을 의미한다. 니체는 통상적인 가치 평가와 존중되는 관습을 전복시키려고 도전적인 잠언을 쓴다. 그는 자신의 책들이 "의심의 학파, 나아가서는 경멸의 학파 그리고 다행스럽게도 용기의 학파, 즉 대담함을 가르치는 학파"로 불리기를 바란다. 그는 모든 가치를 뒤집으려고 이렇게 묻는다. "궁극적으로 모든 것은 허위가 아닐까? 또 우리가 속았다면 바로 그 때문에 우리는 동시에 속이는 자가 아닐까? 우리는 속이는 사람이 돼야만 하지 않을까?" 니체가 기존 가치의 허위성을 폭로하려고 기만적 언어를 사용한다면, 우리는 그의 말을 그대로 받아들여서는 안 될지도 모른다.

　　니체 삶의 세 번째 단계는 그가 신체적으로 무너져 바젤대학교를 사직한 1879년부터 토리노에서 광기의 발작을 일으킨 1889년까지의 시기다. 이 시기는 방랑의 시기였다. 이 시기에 니체는 철저한 고독 속에서 자신과의 대화와 대결을 통해 주옥같은 글들을 썼다. 《아침놀》, 《즐거운 학문》, 《차라투스트라는 이렇게 말했다》, 《선악의 저편》, 《도덕의 계보》 등의 책은 모두 거듭되는 고통의 순간 속에서도 자신의 삶에 영원한 의미를 새겨넣으려는 시도였다. 살로메에게 쓴 편지에서 밝힌 것처럼, 니체는 온갖 끔찍한 고통과 외로움과 권태에 맞설 자신만의 약을 만들어냈다. 그 약이 바로 철학이었다. '초인', '권력에의 의지', '영원회귀'의 사상으로 표현된 그의 사유는 삶을 견딜 뿐만 아니라 삶에 깊은 의미를 부여한 약이었다.

　　니체는 이렇게 말한다. "삶은 인식의 수단이다. 이 원칙을 마음속에 품고 있으면, 인간은 용감해질 뿐만 아니라 심지어 즐겁게 살고 즐겁게 웃게 된다! 전쟁과 승리를 제대로 알고 있지 못한 자가 어찌 멋지게 웃고 멋지게 사는 법을 알겠는가?"

전쟁처럼 삶을 산 니체에게 삶은 바로 철학이었고 철학은 삶이었다. 극단적인 고통 속에서도 정신의 건강을 찾으려고 노력한 니체의 삶과 사상은 그야말로 모순으로 가득 차 있다. 생의 한가운데에서 "아니다! 삶은 나를 실망시키지 않았다."라고 말할 수 있으려면 자신의 삶을 치열하게 살아야 한다. 치열하게 산다는 것은 삶의 모순을 견뎌낸다는 것을 의미한다. 니체에게 삶의 극복은 결코 모순의 제거를 의미하지 않는다. 우리의 실존이 비극적 근원을 가졌다고 하더라도 우리의 삶은 즐겁고 명랑할 수 있다.

니체는 1889년 1월 3일 토리노의 카를로 알베르토 광장에서 광기의 발작을 일으키고 정신적으로 식물인간이 됐다. 니체는 신이 죽었다고 천명한 무신론자를 '광인'이라고 불렀는데, 그 자신이 이제 광인이 된 것이다. 그는 어머니와 누이동생의 보살핌을 받다가 1900년 8월 25일 정오경에 사망했다. 그의 마지막 모습을 지켜봤던 사람들은 흐릿한 눈과 늘어진 얼굴 그리고 팔다리가 구부러진 채 누워있는 그가 어린아이보다 더 무력해 보였지만, 다른 한편으로는 그의 성격에서 마법이 발산되는 듯 위엄이 가득했다고 말한다. 미친 철학자 프리드리히 니체. 그는 실존의 비밀을 캐내는 데 너무 몰두했는지도 모른다. 광기의 피날레는 니체의 삶과 작품에 어두운 진실을 부여했다. 그가 죽고 난 뒤에 누군가가 니체는 존재의 비밀에 너무 깊이 빠져들어 정신을 잃었음이 분명하다는 소문이 떠돌았다.

니체는 이런 자신의 운명을 알았던 것 같다. 그의 마지막 자서전인 《이 사람을 보라》의 마지막 장은 의미심장한 제목을 달고 있다. "왜 나는 하나의 운명인지." 니체는 "언젠가 엄청난 것에 대한 기억이 내 이름과 연결될 것이다."라고 말한다. 니체의 이름으로 연상되는 엄청난 것은 도대체 무엇인가? 허무주의라는 전대미문의 위기, 양심의 비할 바 없는 충돌, 지금까지 믿어왔고 신성시됐던 모든 것에 대한 거역이 니체의 모든 글에 스며들어 있다. "몇몇 사람은 사후에 태어난다."라고 말할 정도로 니체의 사상은 생전에 제대로 이해받지 못했고 오히려 죽은 후에야 진정한 영향력을 가졌지만, 니체는 자신의 사상이 오해받을 것임을 잘 알고 있었다. 그러기에 니체는 "나는 혼동되고 싶지 않다."라고 말한다. 니체에 관한 많은 글이 그의 삶과 사상에 대한 이해보다 오해로 이끈다는 사실은 그의 우려를 입증하는 것처럼 보인다. 그의 말을 경청하려면 우리는 그의 말이 가진 모순과 악의를 뚫고 나가 그가 사유하고자 했던 실존의 비밀에 스스로 도달해야 한다.

니체의 사악한 말

1판 1쇄 발행일 2025년 9월 15일

지은이 이진우

발행인 김학원
발행처 (주)휴머니스트출판그룹
출판등록 제313-2007-000007호(2007년 1월 5일)
주소 (03991) 서울시 마포구 동교로23길 76(연남동)
전화 02-335-4422 **팩스** 02-334-3427
저자·독자 서비스 humanist@humanistbooks.com
홈페이지 www.humanistbooks.com
유튜브 youtube.com/user/humanistma
페이스북 facebook.com/hmcv2001
인스타그램 @humanist_insta

편집주간 황서현 **편집** 김주원 임미영 **디자인** 차민지
조판 아틀리에 **용지** 화인페이퍼 **인쇄** 청아디앤피 **제본** 민성사

ⓒ 이진우, 2025

ISBN 979-11-7087-379-2 03100

- 이 책은 저작권법에 따라 보호받는 저작물이므로 무단 전재와 무단 복제를 금합니다.
- 이 책의 전부 또는 일부를 이용하려면 반드시 저자와 (주)휴머니스트출판그룹의 동의를 받아야 합니다.